KB036173

시아파의 부활과 중동정치의 지각변동

이 도서의 국립중앙도서관 출판예정도서목록(CIP)은 서지정보유통지원시스템 홈페이지(http://seoji.nl.go.kr)와
국가자료공동목록시스템(http://www.nl.go.kr/kolisnet)에서 이용하실 수 있습니다.
CIP제어번호: CIP2018023431(양장), CIP2018023423(반양장)

시아파의 부활과
중동정치의 지각변동

유달승 지음

The Shia Revival and the Diastrophic Changes in the Middle Eastern Politics

한울
아카데미

주요 용어

ㄱ

가브리엘(gabriel): 성경과 쿠란에 나오는 천사장의 하나

그랜드 아야톨라(grand ayatollah, ayatollah ol-ozma): 시아파 최고위급 성직자 지위

ㄴ

누부와트(nubuwwat): 예언

ㄹ

라마단(ramadan): 이슬람력 9월. 금식을 하는 성스러운 달

라우다 하니(rawdah-khani): 이맘의 고통을 낭송하는 것

ㅁ

마르자에 타클리드(marja-e taqlid): 모방의 원천이라는 뜻으로, 이슬람 신학과 법률을 독자적으로 해석해 새로운
    판결을 내릴 수 있는 능력을 가진 최고 종교 권위자

마숨(ma'sum): 무과실과 무결성을 보유한 자

무즈타히드(mujtahid): 이즈티하드를 내릴 수 있는 성직자

마울라(mawla): 주인, 친구

말리크 나비(malik nabi): 예언자 왕

몰라(mulla): 종교학자나 성직자에게 붙여주는 칭호

무프티(mufti): 이슬람법의 해석과 적용에 관해 의견을 진술하는 자격을 가진 법학자

무하지룬(muhajirun): 메카에서 온 이주자들

ㅂ

바이아(bay'ah): 서약, 충성이나 신의를 맹세하는 것

바틴(batin): 내부의, 비밀의

ㅅ

사키파(saqifah): 메디나인들의 의회. 예언자 무함마드 사후 후계자를 선출한 회의

샤리아(shari'ah): 이슬람력으로 2~3세기에 체계화된 이슬람 성법. 법의 원천으로는 쿠란, 하디스, 키야스 및 이즈마
    가 있음

수피(sufi): 이슬람 신비주의자

순나(sunnah): 관행, 관습

슈라(shura): 위원회

술탄(sultan): 권력, 칼리프가 수여한 정치적 지배자의 칭호

세예드(seyyed): 예언자의 후손, 검은 색 터번을 착용

셰이크(sheikh): 장로, 원로, 정신적 또는 정치적으로 권위 있는 사람들

ㅇ

아야톨라(ayatollah): 신의 징표, 시아파 고위급 성직자 지위

안사르(ansar): 메디나 토착민들

압드 나비(abd nabi): 예언자 종

이드 알 가디르(Id al-Ghadir): 632년 3월 16일 예언자가 알리를 후계자로 임명한 것으로 믿는 시아파의 축제

이마마트 알 자바비라(imamat al-jababirah): 전제군주

이맘(imam): 모범, 본보기라는 뜻으로, 이슬람의 예배 인도자. 시아파에서는 이슬람공동체의 최고지도자일 뿐만 아
　　　니라 종교적으로 완벽한 영적 존재

이맘자데(imamzade): 이맘의 후예

이스마(ismah): 완전무결한 존재라는 뜻으로, 죄나 잘못으로부터의 면제

이즈마(ijma): 합의

이즈티하드(ijtihad): 개인의 독자적 해석, 이슬람법에서 정확하게 취급하지 않는 문제에 대한 독자적이거나 독창적
　　　인 해석

인티자르(intizar): 기다림이라는 뜻으로, 시아파에서 제12대 이맘 마흐디의 재림을 기대하는 것

일름('ilm): 지식, 학문

울라마(ulama): 종교학의 학자나 석학, 또는 권위자로 인정된 자

와크프(waqf): 모스크와 기타 자선을 목적으로 하는 공공시설을 재정적으로 유지하기 위한 재산

움마(ummah): 이슬람공동체

ㅈ

자히르(zahir): 외부의, 눈에 보이는

ㅋ

카디(qadi): 이슬람법을 적용하는 재판관

키야스(qiyas): 유추

킬라파 디니야(khilafah diniyyah): 종교적 성격

ㅌ

타지야(ta'ziyah): 애도라는 뜻으로, 제3대 이맘 후세인을 추모하는 수난극

타키야(taqiyya): 임시변통적 위장 행위, 수니파 무슬림에게 종교적 박해를 받던 시아파 무슬림들이 자신의 신앙을
　　　감추는 행위

ㅍ

파트와(fatwa): 이슬람법의 해석과 적용을 둘러싸고 권위 있는 법학자가 제출하는 의견

파키(faqih): 이슬람 법학자

ㅎ

하디스(hadith): 예언자 무함마드의 언행록

후트프(hutf): 자비심

홈스(khums): 5분의 1

차례

1

서문

지금으로부터 100여 년 전인 1917년 중동의 비극을 알리는 밸푸어 선언이 발표되었다. 1917년 11월 2일 영국의 아서 밸푸어 외무장관은 제1차 세계대전에서 유대인으로부터 전쟁에 대한 협력을 얻기 위해 유대계 영국 금융가 월터 로스차일드에게 서한을 보내 팔레스타인에 유대인의 나라를 세우겠다고 약속했다. 하지만 영국은 1914년 1월부터 1916년 3월까지 10차례에 걸쳐 이른바 후세인 - 맥마흔 서한으로 알려진 약속을 통해 아랍인들에게 오스만 제국에 저항하면 아랍 국가의 독립을 보장하겠다고 약속한 바 있었다. 영국의 이중 외교 정책에 의해 시작된 중동 분쟁은 오늘날까지 지속되고 있다. 2017년에는 밸푸어 선언 100년을 맞아 팔레스타인과 중동 곳곳에서는 영국에 항의하고 사과를 요구하는 시위가 벌어졌다. 반면에 베냐민 네타냐후 이스라엘 총리는 런던을 방문해 테리사 메이 영국 총리를 만나 밸푸어 선언 100주년 기념 만찬을 했다.

한편 2017년 12월 6일에는 도널드 트럼프 미국 대통령이 예루살렘을 이스라엘의 수도로 인정한다고 공식 선언했다. 또한 그는 이스라엘 주재 미국 대사관을 텔아비브에서 예루살렘으로 이전하라고 지시했다. 국제 사회의 비난 여론에도 불구하고 트럼프 대통령이 예루살렘 선언을 강행한 이유에 대해서는 러시아 스캔들로 지지율이 하락한 국내 정치의 국면 전환용이라거나, 미국 내 유대인과 보수파의 지지층 결집을 위해서라는 등 다양한 해석이 제기되고 있다. 이러한 해석도 나름대로 타당성이 있긴 하지만, 1948년 이스라엘이 건국된 이후 69년간 미국이 공식적으로 내세워왔던 중동 정책 기조를 뒤집는 이 선언의 배경에는 또 다른 요인이 있는 듯 보인다.

오늘날 중동에서는 이란의 부상을 저지하기 위한 사우디아라비아와 이스라엘의 연대설이 제기되면서, 팔레스타인 문제의 해결을 최우선 과제로 삼던 기존의 아랍의 대의가 무너지고 새로운 중동질서가 형성되고 있다. 이를 반영하듯 이스라엘 라디오 방송은 사우디아라비아의 실세 모함마드 빈 살만Mohammad bin Salman 왕세자가 2017년 9월 7일 이스라엘을 비공식적으로 방문했다고 보도한 바 있으며, 12월 3일 《뉴욕타임스》는 모함마드 빈 살만 왕세자가 11월에 팔레스타인 자치정부의 수반 아바스를 사우디아라비아로 불러 예루살렘을 이스라엘에 양보하라고 압박했다고 전했다. 심지어 그는 2018년 4월 2일 미국 방문 중에 미국 시사 잡지 《애틀랜틱》과의 인터뷰에서 아랍 이슬람권의 금기 중의 금기였던 이스라엘의 영토권을 인정하는 발언을 했다. 그는 "유대인이 조상에게 물려받은 땅이라면 거기에 국가를 건설해 살아도 된다고 생각하는가?"라는 질문에 "팔레스타인인과 이스라엘인은 자신들의 땅을 소유할 권리가 있다고 본다"라고 말했다. 모함마드 빈 살만의 친이스라엘 행보는 이란을 견제하기 위한 전략이라고 볼 수 있다.

이 같은 상황하에 트럼프는 이스라엘과 사우디아라비아의 연대를 강화시켜 반이란 전선을 확대하려는 것이다. 트럼프의 예루살렘 선언은 21세기판 밸푸어 선언으로 비유될 정도로 향후 엄청난 파장을 예고하고 있다. 마침내 5월 14일 이스라엘 건국 70주년을 맞이하여 미국 정부는 이스라엘 주재 미국 대사관을 텔아비브에서 예루살렘으로 이전했다.

'세계의 화약고'로 불리는 중동은 대표적인 분쟁 지역으로 알려져 있다. 그만큼 중동 분쟁의 역사는 길고도 복잡하다. 1948년 5월 14일 이스라엘이 건국된 이후 영토 분쟁으로 시작된 아랍 대 이스라엘의 분쟁은 네 차례(1948년, 1956년, 1967년, 1973년)에 걸쳐 중동 전쟁으로 나타났고 이후 민족, 종교, 영토, 자원과 같은 복잡한 문제들이 결합되면서 다양한 전쟁과 갈등이 지속되고 있다. 하지만 최근 중동 분쟁의 양상이 변하고 있다. 기존의 아랍 대 이스라엘의 분쟁에서 시아파 대 수니파의 종파 분쟁으로 중심축이 이동하고 있는 것이다. 이를 두고 전문가들은 현재 중동의 분쟁과 갈등을 읽는 가장 중요한 키워드는 바로 이슬람 종파주의라고 지적한다.

종파 갈등은 시리아 내전과 예멘 내전을 통해 구체화되고 있는데, 이 두 내전을 이란과 사우디아라비아의 대리전으로 분석하기도 한다. 이란과 사우디아라비아는 각각 시아파와 수니파의 종주국을 자처하고 있는데 시리아 내전에서는 수니파인 사우디아라비아는 시리아 반군을, 시아파인 이란은 시리아 정부군을 지원하고 있다. 예멘 내전에서는 사우디아라비아를 중심으로 한 수니파 연합군은 후티 시아파 반군에 대해 공습을 가하고 있으며 이란은 후티 시아파 반군을 지원하고 있다. 또한 이라크와 시리아 등지에서는 수니파 칼리프 국가의 부활을 목표로 하는 수니파 극단주의 단체 이슬람국가IS가 2014년 6월 29일 국가를 선포하고 시아파를 탄압함으로써 종파 갈등을 부추기고 있다.

2003년 이라크전쟁 이후 중동에서는 시아파가 새로운 주역으로 등장했으며, 2011년에는 아랍의 봄을 통해 시아파 연대가 확산되었다. 이로 인해 중동의 정치 지형이 새롭게 재편되고 있다. 이슬람세계는 크게 수니파와 시아파로 나누어진다. 이슬람의 역사는 단적으로 말해 수니파의 역사라고 볼 수 있다. 정통 칼리프 시대(632~661) 이후 우마이야 왕조(661~750), 아바시야 왕조(750~1258), 그리고 오스만투르크 제국(1300~1924) 모두 수니파 국가였다. 이에 따라 수니파를 다수파, 시아파를 소수파라고 부른다. 하지만 이라크에서는 시아파 정권이 수립되었으며, 레바논에서는 헤즈볼라가 1992년 의회 선거에 참여한 이후 제도권 정당으로 진입하면서 가장 강력한 정치세력이 되었다. 헤즈볼라에 대한 레바논 시아파 주민들의 지지는 가히 절대적이다. 헤즈볼라는 병원과 학교를 직접 운영하면서 가난한 주민들을 대상으로 의료봉사, 사회봉사를 제공하고 있다. 이를 두고 헤즈볼라를 '국가 안의 국가'라고 부르고 있다. 또한 현재 내전을 겪고 있는 시리아도 시아파의 분파인 알라위파 정권이다.

이라크 전쟁 이후 중동에서는 시아파가 부활하고 있는데, 이를 두고 '시아파 초승달 시나리오'라고 부른다. 이 시나리오는 이란을 축으로 한 새로운 시아파 동맹을 상징하는 것으로, 서쪽으로는 이라크, 시리아, 레바논이, 남쪽으로는 쿠웨이트, 오만, 예멘까지 시아파가 연대하는 것을 의미한다. 시아파 초승달 시나리오는 시아파 위협론에서 비롯되었다. 수니파와 시아파의 오랜 종파 갈등이 중동뿐만 아니라 세계평화를 위협하는 근본 요인이라는 것이 시아파 초승달 시나리오의 요지이다.

시아파 위협론은 사실상 시아파에 대한 부정적인 이미지에서 기인한다. 일반적으로 수니파는 온건파이고 시아파는 급진파라고 알려져 있다. 시아파가 광신적이고 폭력적인 종파라고 알려지게 된 직접적인 계기는

1979년 발발한 이란의 이슬람혁명과 444일간 지속된 이란 주재 미국 대사관 인질 사건이다. 이슬람혁명은 반미·반서방 기치를 내세워 이슬람의 가치와 정체성을 강조하는 이슬람공화국이라는 독특한 이슬람 정치 체제를 수립했다. 이슬람혁명 이후 망명 중인 팔레비 전 국왕이 미국에 입국하자 이란에서는 대규모 반미 시위가 벌어졌고 11월 4일 이란 대학생들이 미국 대사관을 점거해 미국인 52명을 인질로 잡아 전 세계를 놀라게 했다. 이로 인해 오늘날 이란은 반미 국가의 상징이 되었다. 또한 레바논의 헤즈볼라는 1983년 4월 18일 폭탄을 실은 트럭을 몰고 레바논 주재 미국 대사관을 공격하는 등 수많은 자살폭탄 공격을 감행했으며 서방인들을 납치해 인질로 감금하기도 했다. 하지만 이슬람 역사상 시아파가 이슬람 극단주의 형태로 등장한 적은 없다. 이슬람 극단주의로 알려진 탈레반, 알카에다, 그리고 IS는 시아파가 아니라 수니파이다.

이 책은 크게 두 가지 목적에서 쓰였다. 첫째, 시아파를 통해 이슬람 역사를 재해석하면서 시아파 이론이 변화해온 과정을 살펴보고자 한다. 시아파에 대한 연구는 국내뿐만 아니라 국외에서도 매우 미비하다. 이슬람 역사는 다수파이자 주류인 수니파를 중심으로 해석되어왔다. 즉, 수니파에 대해서는 광범위한 연구가 진행되어왔지만 시아파에 대해서는 그렇지 못했다. 시아파는 이슬람 역사 속에서 하나의 형태로 고정되거나 정체되어 있었던 것이 아니라 끊임없이 변화되어왔고 앞으로도 그럴 것이다. 소수파이자 비주류인 시아파 성직자는 신자들 속으로 직접 들어가 시대와 현실 문제를 결합시키면서 조직을 보호하고 강화시켜왔고 이를 통해 다양한 교리 논쟁을 벌여왔다. 따라서 '시아파는 누구인가?'라는 질문에 명확하게 대답하기는 어렵다. 시아파는 이슬람 역사에서 다양한 모습으로 등장했기 때문이다. 또한 시아파는 시대뿐만 아니라 다양한 공간과 문화 속에 존재해왔으며 그 속에서 새로운 문화를 형성하거나 또 다른 시아파를 형성해왔다.

둘째, 시아파 위협론의 진실과 그 이면에 숨겨진 정치적 의도 및 목적을 분석하고자 한다. 많은 전문가들은 이슬람 초기부터 오늘날까지 시아파와 수니파의 역사는 갈등과 분쟁의 역사였기 때문에 반목과 불신의 골이 너무 깊어 쉽게 해결되지 않으리라고 분석한다. 특히 2003년 이라크 전쟁 이후 초국가적인 시아파 연대가 형성됨에 따라 기존의 중동질서를 교체하려는 시아파 초승달 시나리오가 나타나고 있다고 지적한다. 과연 시아파 위협론은 실체가 있는가? 시아파는 하나의 고정된 종교적 정체성을 기반으로 하는 종파인가, 아니면 시아파들이 살고 있는 특정한 상황이나 환경에 의해 형성되는 유동적인 정체성이 무엇보다 중요한 종파인가? 역사에는 가정이 없다지만 만약 이란과 사우디아라비아가 전쟁을 한다면 중동 곳곳에 거주하는 시아파들은 이란 편에 서서 참전할 것인가? 이는 관련국들이 연맹하는 시아파 대 수니파의 종파 전쟁으로 확대될 수 있을 것인가? 현실적으로 보자면 자국의 이해관계에 따라 개별적으로 움직이는 중동의 각국이 단순히 종파로 나뉘어 이합집산할 것이라는 가정은 현실성이 없어 보인다. 시아파는 하나의 고정된 정체성으로 파악하기보다는 유동적인 실체로 바라보아야 한다. 따라서 시아파는 어떤 집단인가라는 질문에 대해서는 시대 및 역사와 결합된 종교적 정체성을 가진 조직에 가깝다고 답할 수 있을 것이다.

2

시아파의 기원과 특성

[시아파의 기원]

시아파는 무엇일까? 그리고 무엇이 시아파를 수니파로부터 분리시켰을까? 이슬람세계와 중동을 놓고 서구에서 진행되는 대부분의 논쟁은 수니파에 치중된 경향이 있다. 이는 수니파 신자가 전 세계 13억 명으로 압도적으로 많기 때문일 것이다. 시아파 신자는 약 1억 3000만~1억 9500만 명으로 수니파 신자의 10~15%에 불과하다. 시아파와 수니파를 분류하는 것은 이슬람에서 가장 중요한 문제이다. 이 두 부류는 이슬람 역사 초기부터 시작되었고 스스로 자신이 진정한 정통파라고 주장하고 있다.

시아파는 수니파에 대립하는 이슬람 종파로서, 알리가 예언자 무함마드의 진정한 후계자라고 믿고 있다. 시아파는 알리와 그의 자손들만이 신에 의해 선택된 이맘Imam이라고 여긴다. 이맘은 '모범', '본보기'를 뜻하는 아랍어로, 일반적으로 예배 인도자를 말한다. 하지만 시아파에서 이맘은 이슬람공동체의 최고지도자일 뿐만 아니라 신과 인간을 연결해주는 특별한 중재자이자, 결코 오류를 범하지 않는 완전무결한 영적 존재로 인식되고 있다. 시아^{Shia}라는 단어는 '무리' 또는 '당파'라는 의미로, '알리의 무리^{shiat Ali}'라는 말에서 유래되었다. 반면에 수니파는 예언자의 관행, 즉 순나^{Sunnah}를 따르는 사람들로, 이슬람세계의 다수파를 차지하고 있으며 자신들이 정통파라고 자처하고 있다. 공식 명칭은 '예언자의 관행과 합의를 따르는 사람들^{ahl al-sunnah wa al-ijma'}'이다. 시아파는 초기에는 하나의 정치단체로서 알리와 그의 자손들인 이맘위의 계승권을 믿었다. 이후 이 단체의 이론은 하나의 종파로 변화되었다. 또한 다양한 사회개혁운동이 시아파와 결합했고 시아파는 지배자에게 대항하는 이데올로기의 무기로 사용되었다. 이 과정에서 시아파는 독자적인 사상체계를 형성하게 되었다. 그렇다면 수니파와 시아파의 갈등은 어디에서 시작되었을까? 또한 그들의 대립은 앞으로 어떻게 전개될까? 이러한 질문에 답하기 위해서는 먼저 7세기 이슬람의 역사로 거슬러 올라가야 한다.

7세기 이슬람 역사는 국가 권위의 기반과 통치자에 대한 개인적 복종의 한계 등에 대해 논쟁을 벌였던 시기이다. 무함마드가 사망한 직후 열린 사키파^{Saqifah}(메디나인들의 의회) 집회에서는 무함마드가 누구를 후계자로 선정했는지에 대한 논쟁이 벌어졌다. 표면상으로는 인품에 관한 논쟁이었지만 내면을 들여다보면 정치적 사고라는 근본 주제에 관해 시대와 장소를 초월해 벌인 논쟁이었다. 이 논쟁에서 한 그룹은 무함마드가 자신의 사위이자 사촌인 알리를 후계자로 선임했다고 믿었다. 그들은 무함마드가 632년 3월 16일 메카에서 마지막 순례를 마치고 돌아오는 길에 훔 연못에서 알리를 후계자로 임명했다고 주장했다.

시아파는 알리를 단순한 인간이 아닌 특별한 존재로 규정하고 있다. 그들은 인간을 향한 신의 정의와 자비심^{hutf}으로 볼 때 신은 누군가를 선택해 공동체를 관리할 사명을 부여했다고 믿고 있다. 젊은 이슬람공동체는 쿠란의 진정한 의미와 예언자적 전통에 대해 건전하고 완벽한 지식, 즉 일름^{ilm}을 가져야만 가르침을 실행에 옮길 수 있는데, 그러한 지식은 예언자와 가까웠던 사람인 알리와 그의 11명의 직계 남자 후손만이 보유하고 있다는 것이 열두 이맘 시아파의 입장이다. 오직 신만이 개인의 지식, 무과실, 무죄성의 자질을 알고 있으며 사절을 통해 개인에게 계시를 알려줌으로써 자신의 계시를 안전하게 전달한다는 것이다. 여기서 시아파의 가장 중요한 정치이론이 나타난다. "아브라함이 가로되 저희 후손으로부터 지도자들이 있을 것입니까, 물으니 신이 말씀하사 나의 약속은 우매한 자들을 포함하지 않으리라 하시더라"(쿠란 2장 124절).

시아파에서는 이맘이 부재할 경우 울라마 또는 무즈타히드가 이슬람공동체에서 적절한 책임을 가진다고 판단한다. 울라마는 학자, 더 정확히는 종교학자인 알림^{alim}의 복수형이며, 무즈타히드는 정신적 능력자를 의미하지만 법의 근원으로부터 법적인 기준을 도출해낼 자격이 있는 학자를 지칭한다. 즉, 울라마와 무즈타히드는 이맘의 부재 시에 무슬림의 지도자가 될 책임을 지게 된다. 하지만 울라마는 이스마^{ismah} 같은 자질이나 이맘 같은 비범한 특성 등을 지니지 않는다는 점에서 차이가 있다.

반면에 무슬림 다수파의 견해는 무함마드가 자신의 후계자 문제를 미결 상태로 남겨둠으로써 공동체로 하여금 가장 능력 있는 지도자를 결정하도록 했다는 것이다. 이 그룹이 바로 수니 또는 순나의 추종자들로, 수니라는 그들의 명칭은 인품보다 원칙의 고수를 상징한다. 그들은 무함마드에게 아들이 없었다는 점을 강조한다. 수니파의 대다수가 훔 연못에서 벌어진 사건을 신뢰하지 않는 것은 아니지만 예언자의 선언문에 명시된 주인, 즉 마울라^{mawla}라는 단어의 해석에 대해서는 이론을 제기하고 있다. 수니파는 특정한 개인보다는 이슬람공동체가 예언자의 후계자를 선출할 자격이 있다는 입장이다. 수니파 추종자들은 무함마드가 사망하기 전 자신이 사망하면 예언자보다 추종자들이 속세에 관해 더 많은 지식, 또는 정보를 지니게 될 것이라고 말했다고 강조한다.

무함마드의 진정한 의도가 무엇이었든 간에 사키파 집회에서는 수니파의 견해가 지배적이었다. 제1대 칼리프로 선출된 아부 바크르^{Abu Bakr}는 이슬람공동체의 고위급 위원이었으며 무함마드의 가까운 동료이기도 했다. 그의 본래 이름은 압둘라였는데, 아부 바크르는 '소녀들의 아버지'라는 의미였다. 아부 바크르는 다른 칼리프 후보들에 비해 나이가 많았으며, 예언자가 메카에서 메디나로 이주할 때 동행자로 선택되었다. 자신의 딸 아이샤^{A'ishah}를 예언자와 결혼시켰으며, 예언자의 최고 고문 역할을 담당했다. 이러한 아부 바크르의 자질은 사키파 집회를 정당화시켰으며 아부 바크르와 세 명의 직계 후계자(우마르, 우스만, 알리) 선출 시 엘리트와 권력자 간 합의하는 전통을 만들었다.

하지만 수니파에서는 이러한 전통을 지속하기 위해 충성 맹세라는 절차를 만들었는데, 이는 향후 논란의 대상이 되었다. 칼리프의 선출 절차는 이즈마^{ijma}(합의) 외에 깍지 낀 양손을 꼭 쥔다는 의미의 바이야^{bay'ah}(선출인들이 칼리프에게 충성을 맹세하는 것을 뜻함)와, 칼리프는 샤리아의 조항에 따라 통치하고 이슬람공동체는 칼리프에게 복종한다는 서약인 아드^{ahd}로 구성되어 있다. 따라서 시아파의 주요 정치 용어는 이마마(이맘위), 윌라야, 이스마인 반면, 수니파의 주요 정치 용어는 칼리프, 이즈마, 바이야이다. 수니파는 정신적인 기능을 언급할 때면 칼리프 대신 이맘이라는 칭호를 사용하며, 시아파는 무과실적 존재, 즉 마숨^{ma'sum}의 의미가 포함될 경우 이즈마의 정당성을 받아들인다.

시아파는 무함마드의 후계자 자리를 누가 이을 것인가라는 문제를 넘어 후계자가 해야 하는 역할에 대해서도 수니파와 차이점을 가지고 있다. 수니파는 예언자의 후계자를 단지 이슬람 사회에서 지도자 역할만 맡고 있는 것으로 한정할 뿐 신의 부름을 받는 예언자와 신 간의 특별한 관계에 대해서는 언급하지 않고 있다. 반면에 시아파는 신자들이 종교적 합의점을 찾기 위해서는 성스럽고 특별한 소수의 도움이 필요하다고 강조한다. 또한 시아파는 무함마드가 영적 자질을 지니고 있으며 죄로부터 무결하고 종교적 가르침의 숨은 의미를 꿰뚫을 수 있다고 여기는데, 이러한 특별한 영적 자질을 이어받은 것은 알리와 그의 자손뿐이며 따라서 그들만이 성스럽고 특별한 역할을 수행할 수 있다고 믿는다. 시아파는 올바른 리더십이 없으면 진정한 이슬람의 의미를 잃게 될 것이라고 주장한다. 따라서 수니파와 시아파는 정치적인 측면뿐만 아니라 신학적 측면에서도 차이점을 가지고 있다.

권위에 대한 수니파의 개념은 명령에 집중되어 있다. 수니파는 정치적 권위가 아닌 오직 생존과 성장에 도움을 줄 수 있는 능력을 믿는다. 중세 수니파 법학자들은 정부 이론을 발전시켜왔는데, 그들은 통치자가 안정을 제공하고 이슬람 사회를 보호하는 한 성직자들이 정부의 권위를 지지한다고 주장해왔다. 술탄은 영적 지도자가 되거나 완벽한 이슬람의 규율을 수행할 필요는 없다. 그들의 주된 임무는 정신적인 이상을 실현하기보다는 이슬람의 가치와 이익을 보호하는 것이라고 할 수 있다. 권력에 대한 이 같은 수니파의 입장은 칼리프와 술탄의 정통을 거부하는 시아파와는 구별된다.

시아파에서는 이맘의 개념이 매우 중요하다. 시아파에서는 신만이 영원한 존재이며 이맘들은 인간으로 태어나서 사망하지만 다시 부활한다고 강조된다. 이맘의 영혼은 신의 첫 번째 창조물로서 빛의 형태로 창조되었다고 말해진다. 제5대 이맘 바키르(713년 사망)는 제1대 이맘 알리에 대해 다음과 같이 말했다. "신은 … 유일하며 … 그분의 통일성에서 비할 데가 없다. 그분은 빛이 된 단어를 말씀하셨으며 그 빛에서 무함마드를 창조했고 내 후손을 창조했다. 신께서는 영혼이 된 단어를 말씀하셨다. 그 영혼이 빛에 깃들게 하시고, 그 빛이 우리 몸에 깃들게 하시니 우리 이맘들은 신의 영혼이며 그의 말씀이다."

시아파에서는 화려한 깃발 외에 여러 일상적인 의상으로 스스로의 정체성을 나타낸다. 일반적으로 독실한 시아파 여성은 남성 종교지도자들과 마찬가지로 전통에 따라 선택된 예복의 색깔인 검은 겉옷을 입는다. 수니파와 시아파는 예배방식에서 몇 가지 차이점이 있다. 수니파는 서 있을 때 팔짱을 끼는 반면, 시아파는 몸 옆으로 팔을 늘어뜨린 채 서 있다. 수니파는 엎드린 상태에서 이마를 깔개에 대지만 시아파는 카르발라 또는 나자프에서 가져온 흙 판에 이마를 댄다. 수니파는 하루 다섯 차례의 예배를 절대적으로 지키는 반면 시아파는 하루 세 차례(1+2+2) 예배를 드린다. 또한 성자로부터 유래된 적절한 명칭을 통해 시아파와 수니파를 구분할 수도 있다. 시아파에서는 이맘의 혈통을 강조하는 세예드seyyed라는 명칭을 사용한다. 시아파에서는 이 명칭이 고귀함의 상징으로 여겨진다. 그들은 검은 색 터번을 쓴다. 시아파의 대중적인 경건주의는 시각적인 형상으로 나타난다. 수니파는 우상 숭배를 반대하기 때문에 유인책으로서의 시각예술을 불편하게 여기는 경향이 있다. 반면에 시아파에서는 시각적인 표현이 강조되고 있다. 검은색은 제1대 이맘인 알리의 운명을 슬퍼하는 색을 상징하고, 빨간색은 제3대 이맘인 후세인의 순교를 기리는 색을 상징하며, 초록색은 예언자의 혈통에 대한 영광을 나타나는 색을 상징하는데, 이 색깔들은 시아파의 교리에서 항상 존재하는 색깔에 맞추어 전시된다. 대표적인 시아파의 작품은 기독교의 특정 교파들이 다루는 상징적인 이미지, 예를 들면 그리스도의 이미지나 기독교의 상징으로 대표되는 십자가와 거의 똑같은 역할을 하기도 한다. 하지만 금욕주의적인 수니파는 시아파의 교리를 일탈 또는 이단의 증거라고 강조한다. 또한 시아파가 이맘의 초상화를 숭배하는 것에 대해 결코 이슬람적이지 않다고 비난한다.

제3대 이맘인 후세인의 열정은 시아파에 매우 중요한 상징성을 가지고 있다. 수세기 동안 시아파의 정체성과 정신은 후세인 일족이 쿠파로 가다가 우마이야 군대에게 따라잡혀 저항 끝에 학살당한 곳인 카르발라 이야기에서 성장해왔다. 시아파 신학자들은 제3대 이맘 후세인의 순교가 야만적인 힘을 극복한 도덕적 원칙의 승리라고 주장한다. 후세인의 순교는 특별한 역사적 사건이자 하나의 전환점이었으며 후세인에 대한 무한한 신뢰를 바탕으로 한 초역사적인 징후였다. 후세인의 순교를 대하는 데서 시아파가 수니파와 명확하게 구분되는 가장 큰 특징은 애도, 추모, 그리고 속죄의 행사인 아슈라이다.

시아파에서는 초창기부터 이슬람의 증인으로서의 이맘이라는 특별한 지위를 의식 공동체의 상징으로 정의 내렸다. 시아파의 역사에서 가장 중요한 사건은 제3대 이맘 후세인의 순교이고, 이를 추모하기 위한 의식은 오늘날까지 이어지고 있다. 후세인의 순교를 애도하는 의식은 국가 전체에 걸쳐 행해진다. 이 의식에서는 사슬과 칼로 자신을 때리는 자해를 하는데, 이는 순교자들이 겪은 고통과 두려움을 자신도 겪음으로써 순교자들을 기리기 위한 것이다. 예언자가 사랑하는 아들의 비극적인 운명을 슬퍼하는 내용을 담은 연극, 시, 산문을 통해 이맘 후세인의 죽음을 애도하며, 생생하고 아름다운 이야기를 통해 영웅들의 삶에서 일어난 실제 이야기들을 조명한다. 이를 통해 개연성이 없는 것처럼 보일 수 있는 공백들이 세밀하게 채워진다.

애도자들은 카르발라에서 후세인의 시신이 진흙 속에 뒹굴었고 머리는 다마스쿠스로 보내졌으며 그곳에서 우마이야 왕조의 칼리프인 야지드는 후세인이 쿠란을 암송하지 못하도록 막대로 후세인의 머리를 때렸다는 이야기를 듣는다. 후세인의 누이 자이납Zaynab 역시 옷이 벗겨지고 베일이 벗겨진 채 야지드에 의해 다마스쿠스로 끌려갔다. 그것은 예언자의 가문에 대한 엄청난 모욕이었다. 그러나 자이납의 영웅적인 연설과 후세인에 이은 그녀의 저항의 지도력은 적들을 부끄럽게 했다. 후세인의 둘째 아들 카심Qasim이 전장에서 사촌과 결혼식을 올린 후 곧바로 자신의 몸을 던졌다는 애끓는 이야기도 전해진다.

[시아파의 특성]

이슬람세계는 632년 무함마드가 사망하자 후계자 문제를 둘러싸고 커다란 분열을 맞았다. 무함마드가 사망한 직후 아랍 전통에 따라 부족회의에서는 예언자의 가장 가까운 친구이자 최고령자인 아부 바크르를 칼리프로 선출했다. 하지만 당시 이슬람공동체에서는 무하지룬Muhajirun(메카의 이주자)과 안사르Ansar(메디나의 토착민) 사이에 경쟁관계가 형성되어 사실상 메카파와 메디나파가 대립하는 구조를 보이고 있었다. 지금까지 시아파와 수니파에 대해서는 다양한 연구가 진행되어왔는데, 제임스 다름스테터James Darmsteter와 앙리 코르뱅Henri Corbin은 시아파와 수니파를 이

사우디아라비아의 메디나 근교에 있는 우후드산. 625년 무함마드의 메디나군이 메카군과 우후드 전투를 벌인 곳이다.

란 문명과 아랍 문명의 조우로 분석했다. 다름스테터는 이슬람이 전파되기 이전의 신의 은총farriah-I izadi에 대한 이란인의 믿음을 다룬 시아파 교리인 마흐디주의Mahdism을 주로 다루며 이란인의 성향과 시아파 철학 간의 밀접한 관계를 분석했다. 반면에 몽고메리 와트Montgomery Watt는 초기 시아파의 왕권이 반신적 전통이 강했던 남부 아랍 부족에서 유래했다는 점을 지적하면서 시아파가 창시되는 데 영향을 미친 사회적 요소에 관심을 기울이고 있다. 그는 시아파가 유목 사회에서 이슬람 제국으로 전환되는 과정에서 발생한 사회적·정신적 문제들을 치유해주었다고 주장한다. 루이 마시뇽Louis Massignon은 남부 아랍 부족이 아닌 중산층 장인들의 정치적 열망과 시아파 간 관계를 강조했다. 페트루솁스키Petrushevskii는 카스피해 남쪽에 밀집해 있는 자이드파에서 일어난 농민 반란 사례를 언급했다.

그는 이 저항운동이 성공할 수 있었던 주요한 원동력은 수니파의 귀족주의에 대항해 자이드파가 장인, 농부 및 사막에 거주하는 가난한 계층과 연계했기 때문이라고 설명한다.

그러나 이와 같은 이론들은 수니파에 대항해서 시아파를 부각시키긴 하지만 두 종파 간 교리적 차이점을 구별하지는 않고 있다. 수니파와 비교할 때 시아파의 가장 두드러진 특징은 근본적인 원칙이 아니라 정신 ethos에 있다. 시아파의 정신은 이슬람 역사, 사회, 교리에 대한 논쟁에서 시아파가 취하는 입장을 대변한다. 시아파에서는 정신이 그만큼 중요한 비중을 차지한다. 이런 관점에서 보면 수니파와 시아파 간의 신학과 법학의 차이는 중요한 문제가 아닐 수도 있다. 따라서 이러한 정신을 이해하기 위해서는 역사적 시아주의, 즉 시아파의 근본 원칙은 아니지만 그들의 교리나 개인적 해석, 합의 과정 속에서 형성된 시아주의를 파악해야만 한다.

비교(秘敎)주의

시아파의 특징은 다수의 의견을 올바른 견해로 수용하는 것을 거부하는 정신을 가졌다는 것이다. 다시 말하면 시아파는 투쟁하는 소수의 도덕적 우월성을 이성적으로 방어하는 정신을 지니고 있다. 이러한 자세는 시아파의 고전에서 살펴볼 수 있다. 9세기 법학자이자 신학자인 파들 이븐 샤드한 나이샤부리Fadl Ibn Shadhan Nayshaburi는 자신의 저서『알 이다al-Idah』에서 다수파인 수니파에 의해 부여되는 정당성을 불신하고 있다. 그는 쿠란에서는 다수의 의견을 조롱하는 견해가 많이 발견되며 이를 합법성의 근거로 인정하지 않고 있다고 주장한다. 또한 "다수의 의견이라는 것은

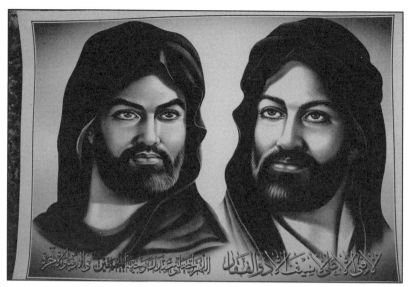

제1대 이맘 알리(오른쪽)와 제3대 이맘 후세인(왼쪽)의 초상화.

늘 변덕스럽고 추측에 근거하고 있으며('그대가 지상의 사람들을 따른다면 그들이 신의 길에 있는 그대를 유혹하리라. 그들은 공상을 따르고 거짓을 말하고 있을 뿐이라' 쿠란 제6장 116절), 지식과 이해가 결여되어 있고(쿠란 제7장 187절, 제49장 4절, 제5장 103절), 다신교의 신봉자로 간주할 수 있으며('대다수의 사람들이 신을 믿지 아니하니 그들은 불신자가 아니더뇨' 쿠란 제12장 106절), 감사할 줄 모르고(쿠란 제7장 17절, 제12장 38절), 법령 위반에 관한 것이다(쿠란 제38장 24절). 그렇기 때문에 사상 대립의 역사에서는 소수파가 다수파를 이기는 경우가 많다('그들이 말하길 오늘 우리는 골리앗과 그의 부대에 대항할 힘이 없다고 하더라. 그러나 신을 만나리라 확신한 그들은 신의 뜻이 있을 때 소수가 대부대를 정복한 적이 있지 않더뇨. 신은 인내한 자와 항상 함께하시니라' 쿠란 제2장 249절)"라고 말하고 있다.

셰이크 투시의 스승인 세예드 알 무르타다Seyyed al-Murtada는 자신의 저서 『키탑 알 인티사르Kitab al-Intisar』에서 시아파와 무슬림 분파 간의 법적·의식적 차이점을 언급하면서 호전적인 소수파가 지닐 수 있는 장점을 설명하고 있다. 그는 다수의 지지를 받는다고 해서 진실일 수는 없으며 마찬가지로 어떤 사상에 대한 추종자가 많지 않다고 해서 그 정당성을 의심할 수도 없다고 강조하면서 시아파의 '고립주의적' 특성을 강력히 주장한다. 680년 제3대 이맘 후세인과 72인의 동행자가 벌인 저항운동은 오늘날 시아파의 정신과 많은 관련성을 가지고 있다. 후세인의 순교는 입지가 확고한 다수파에 대항해 수적으로 열세인 소수파가 투쟁을 벌인 것으로서, 시아파의 역사에서 가장 의미 있는 업적으로 기록되어 있다.

시아파는 다수파인 수니파에 대해 강력한 교리로 대항해야만 했다. 이는 부분적으로는 이슬람의 집단주의 정치 교리에 기인하고 있다. 수니파는 "이슬람공동체는 잘못된 결정에 동의하지 않는다"라는 무함마드의 말을 빌려 이맘이 시아파로부터 무과실성을 인정받았듯이 수니파 공동체도 무과실성을 부여받았다고 주장한다. 시아파는 오도된 '대중의 의견'에 얽매이거나 위협받지 않기 위해서 법체계에서의 합의를 제한적으로 허용하고 있다. 수니파는 합의를 '권력자'의 합의, 더 나아가 일반적인 공동체의 합의로 규정하고 있지만, 시아파는 무과실과 무결성을 보유한 자, 즉 '마숨'의 의견이 포함될 때만 의견 수렴의 정당성을 인정한다.

이러한 교리에도 불구하고 시아파는 자신들의 법체계에 합의를 적용하고 있는데, 합의를 이룰 때면 학자 공동체가 마숨을 고려해야 한다는 의미를 지닌 "지상에서 마숨이 부재할 수는 없다"라는 경구를 인용함으로써 모순을 정당화시키고 있다. 그러나 이 교리는 다수가 지지하는 원칙을 완벽하게 보호하는 수단이 되고 있다. 시아파는 지속적으로 박해를 받는 소수파로 전락해 점차 내향적인 성향을 띠게 되었고 스스로를 다수로부터 소외시키면서 자신만의 정신적인 관습과 견해를 가지게 되었다. 이러한 경향은 시아파의 배타주의를 강화시키는 주된 요인이 되었다. 다수 원칙에 대한 시아파의 입장은 예언자의 후손만이 정당하고 합법적인 정부를 수립할 수 있다고 제한하게 되었다. 시아파의 배타주의는 권위에 대한 순수성을 지속시키는 경향이 있다.

시아파는 비교秘敎주의를 지향하는데 이러한 비교주의는 시아파의 이론적 근거를 설명하고 있는 시아파 견신론(신비주의에 관심을 기울이는 종교철학)과 밀접하게 연관되어 있다. 시아파는 이슬람의 본질을 보존하고 이슬람과 점진적으로 의사소통을 하기 위한 종파이다. 시아파 견신론의 근본적인 원칙은 이슬람의 진실은 가상의 세계에서만 발견될 수 있다는 것이다. 따라서 현실에서는 단지 진실의 일부분만 반영될 뿐이다. 완전한 진실은 신, 예언자, 그리고 그의 후손들만 알고 있다.

이러한 교의는 이슬람의 전 영역에 걸쳐 이중 개념 또는 이원적 반대 의견을 발생시켰다. 시아파는 내적 또는 비밀적 의미(바틴batin)와 외형적 또는 대외적 의미(자히르zahir)라는 측면에서 쿠란을 해석하고 있다. 즉, 이는 시아파는 쿠란에 대해 경전의 신비적 깊이를 탐구하며 우화적으로 해석하는 한편, 수니파는 쿠란 구절을 쉽고 명확하게 이해하고 문자적으로 해석하려 하면서 상반되게 접근한다는 것을 의미한다. 코르뱅에 따르면 자히르와 바틴, 명백함과 숨겨진 진실, 공개주의와 비교주의를 구별하는 것이 누부와트nubuwwat(예언)의 중심 사상이자 이맘에 대한 시아파의 철학을 형성하고 있다. 이러한 견해에 따라 코르뱅은 시아파를 이슬람적 비교주의의 성전이라고 칭한다.

이상주의

시아파도 수니파와 마찬가지로 정통 칼리프 시대(632~661) 이후로는 이슬람 역사가 비탄의 세월이었다는 의견에 동의한다. 그러나 수니파는 그 후 이상주의에서 멀어진 반면, 시아파는 이상주의를 지향했다는 차이가 있다. 10세기 이슬람 철학사전을 편찬한 시아파 분파인 이스마일파 학자들의 비밀조직인 알 이흐완 알 사파^{Al-Ikhwan al-Safa}는 "몇몇 지배자의 권력 증가, 반란의 발생, 왕국의 부활과 이와 유사한 사건들은 세계 환경의 향상 및 진보와 통일로의 도약을 목표로 하고 있다. 때로는 전쟁, 반란, 약탈 같은 요인이 도시를 파괴하고 인명을 살상하며 재산을 잃게 만들지만 궁극적으로 이 모든 것은 선을 지향하고 있다"라고 말했다. '부정의 힘'이 궁극적으로 승리할 것이라는 시아파의 자신감은 숨어 있는 이맘이 재림할 것이라는 천년의 믿음에서 찾아볼 수 있다. 시아파 주해자들이 재림 교리의 증거로 주장하는 쿠란 구절에는 미래의 마흐디가 분명히 언급되어 있지는 않지만 쿠란에서는 정직한 자와 억압받는 자에게 지상의 통치권을 약속하고 있다.

①너희 가운데 믿음을 갖고 선을 행하는 자에게 신은 약속하셨나니, 이전에 그들에게 부여했던 것처럼 너희에게도 지상을 다스리는 힘을 주실 것이요, 그들을 위해 선택한 종교를 확립해주실 것이며 두려움에서 편안함으로 인도해주시니, 그들이 나를 경배함에 다른 것을 비유하지 아니하리라. 그러나 그 후에 믿음을 배신하는 자 있다면 그들은 사악한 자들이라. (쿠란 제24장 55절)

②신은 그 땅에서 학대받은 그들에게 은혜를 베풀어 그들을 신앙의 지

제1대 이맘 알리의 초상화.

도자로 되게 하고 또 그들을 후계자로 삼고자 했으매 (쿠란 제28장 5절)

③ 그 계시 이후에 신은 이전 시편에서 대지는 나의 성실한 종들이 상속하리라 했노라. (쿠란 제21장 105절)

④ 이때 모세가 그의 백성들에게 이르길 신께 구원하고 기도하라. 그리고 인내하라. 실로 대지가 신의 것이니 그분의 뜻에 따라 그분의 종복들에게 그것을 상속하리라. 그리하여 결과는 경외하는 이들의 것이 되리라. (쿠란 제7장 128절)

수니파의 주해자들은 첫째 구절은 예언자 무함마드 시절 무함마드가 자신의 추종자들에게 한 약속이며, 둘째 구절은 이스라엘인에게, 셋째와 넷째 구절은 이슬람 이전의 공동체에 한 약속이라고 해석하고 있다. 그러나 시아파 주해자들은 모든 구절이 마지막 순간에 살아남은 마흐디 추종자를 언급한 것이라고 주장한다. 시아파는 그 근거로 무함마드의 말을 인용하고 있다. "이 세상이 단 하루만 남아 있다 하더라도 신은 나의 가계에서 정의로운 자 한 명을 지명해 불평등과 억압 대신 정의와 평등으로 가득 찬 하루를 만들 것이다."

　재림 사상과 정의로운 자와 억압받는 자의 세계 통치권 간의 연관성은 시아파 역사주의를 급진적 행동주의의 도구로 만들 수 있는 가능성을 내포하고 있다. 그러나 시아파 역사에서 그러한 가능성이 실제로 구현된 적은 없었으며 재림 사상은 사람들을 현 상황에 순응시키기 위한 신성한 교의로 남아 있을 뿐이다. 이는 천년 동안 재림을 기대했음을 의미하는 인티자르intizar의 어의적 구조에서도 명백해지는데, 이 단어는 도래할 것에게 복종하겠다는 의미를 담고 있다. 따라서 시아파에서는 엄격한 의미에서 보면 이맘이 재림하기 전에는 이상적이고 정당한 정부가 수립되는 것이 불가능하다는 의견이 늘어났다. 결과적으로 시아파가 지향하는 이상 국가는 일반인의 능력을 넘어서는 메타 역사의 영역이 되고 말았다.

　사파비 왕조 시기의 견신학자인 카디 사이드 쿠미Qadi Said Qumi(1691년 사망)는 예언자 무함마드가 왕과 종의 신분 가운데 선택해야 했을 때 예언자 왕malik nabi보다는 예언자 종abd nabi의 신분을 선택한 것을 두고 "전통에 정립되어 있다"라고 말했다. 따라서 전제군주imamat al-jababirah가 행사하는 통치권으로는 무함마드의 왕권 후계자를 공개적으로 정할 수 없다. 이는 통치권이 예언자의 권한에 속하는 것이 아니므로 그의 후계자에게 부여될 수 없다는 논리에 따른 것이다. 따라서 만약 후계자가 예언자를 계승하려면 그 계승은 신자들에게 노자성체(임종 때에 받는 성체)와 재림을 최대한 보장해주는 종교적 성격, 즉 킬라파 디니야^{khilafah diniyyah}를 띠어야 하고, 굳은 믿음을 가진 자에게 정신적 왕권이 수여되어야 하며, 예언자가 알리, 하산, 후세인의 계승에서 선언했던 것처럼 후계자는 예언자의 영혼을 지녀야 한다.

정치학적 이상주의란 현실적 가능성을 무시하고 그 이상을 실현하는 것을 삶의 목표로 삼으며 이를 구현하는 데 필요한 물질적·정신적 희생을 고려하지 않은 채 사회적·정치적 목표를 천명하는 것을 의미한다. 이는 한편으로는 유토피아를 의식적으로 달성하고 정상적인 환경에서는 달성 불가능한 목표를 추구하는 것을 의미하기도 한다. 시아파의 이상주의는 일반적으로 유토피아적 이상주의이다. 물론 시아파가 권력층과 타협을 하지 않았다는 의미는 아니다. 반대로 시아파의 역사에서는 시아파 신학자와 법학자들이 추종자들의 안전과 생존을 보장하기 위해 통치자들과 현실적으로 타협했다. 그러나 시아파가 수니파와 차별화되는 이유는 이러한 현실적인 타협이 숨은 이맘이 부재할 경우 모든 현세적 권위를 불법으로 규정하는 시아파 교리를 폐지하는 것이 아니라 이를 임시적으로 인정하는 성격을 지니고 있기 때문이다. 따라서 시아파에서는 이맘이 통치하는 사회를 가장 이상적인 국가라고 규정하는 교리를 환경 변화에 따라 다르게 적용시키고 있다.

이러한 이상주의는 시아파의 정치적 행동에 역설적인 영향을 미쳐 사람들로 하여금 정치적 환경에 무관심하게 만들었다. 이는 이상주의와 정치적 무관심의 경계가 뚜렷하지 않기 때문일 것이다. 모든 현세적 정권을 불법이라고 치부하거나 잠정적 협정에 합법성을 부여함에 따라 시아파는 정치에 참여하는 것을 회피하게 되었으며, 정치를 비양심적이며 야망에 가득 찬 사람들의 영역으로 치부하게 되었다. 시아파가 정치에 대해 관심을 잃은 시기가 후세인이 순교한 이후였는지 아니면 제6대 이맘 자파르 알 사디크Jafar al-Sadiq의 정신적 권위가 속세의 권력욕을 초월한 시기였는지에 대해서는 아직도 논란이 계속되고 있다.

정치에 대한 무관심은 이맘이 재림하지 않는다면 진정한 정의를 행사하는 것이 불가능하다는 시아파 이상주의의 또 다른 논리에 의해 강화되었다. 이러한 해석은 시아파가 인간에 대해 지닌 윤리적 견해와 직접 연관되어 있다. 쿠란에는 원죄 개념은 없지만 인간을 죄인이자 억압받는 무지한 자로 설명하는 구절이 여럿 수록되어 있다. 다음은 이맘위의 필요성에 대해 견신론적 견해를 펼치고 있는 구절이다. "신이 하늘과 대지와 산들에 신뢰를 보였으나 그것들은 그렇게 하기를 거절했으니 두려웠기 때문이라. 그러나 사람들은 그렇게 했으니 실로 그는 정직하지 못하고 어리석은 자였더라"(쿠란 제33장 72절).

시아파의 경전 해설자들은 신뢰라는 단어를 이맘의 비교주의적 사명 또는 신의 교우로 해석하면서 인간 본성의 모호함과 이중성을 지적하고 있는데, 이러한 해석은 역설적인 의미를 지니고 있다. 시아파는 무함마드, 그의 딸 파티마Fatima, 열두 이맘을 포함한 14명이 오류를 범하지 않고 죄를 짓지 않은 순결한 존재라고 생각하며, 그들이 개입해 인간의 어둡고 사악한 면을 씻어준다고 믿고 있다. 따라서 시아파는 인간은 언제든지 오류를 범하기 쉬운 존재라는 믿음과 교리를 지니게 되고 이는 이맘의 무죄성과 동전의 양면과도 같은 관계를 형성하게 된다.

시아파가 정의를 행사함에 있어 극도로 신중을 기하는 이유는 인간의 원죄설에 대한 확신 때문이다. 시아파의 법적 기초인 키탑 알 카다kitab al-qada에서는 재판 업무의 중요성을 강조하면서 재판의 초인적인 특성을 경고하고 있다. 알리는 자신이 지명한 판사에게 다음과 같이 말했다. "슈라이^{Shurayh}여! 당신의 지위는 예언자나 예언의 집행자 또는 불행한 자만이 차지할 수 있는 지위이다." 다른 하디스에 따르면 후세인은 네 명의 판사 중 세 명은 지옥 불에 떨어질 것이라고 말했다고 한다. 재판에서는 겸손한 태도가 신에 대한 귀의를 의미하는 것으로 여겨지며, 재판에 앞서서는 '신은 위대하시다'라는 기도문 첫 구절을 암송할 것을 권장하고 있다. "자비로우시고 자애로우신 신의 이름으로 온 우주의 주님이신 신께 찬미를 드리나이다. 그분은 자비로우시고 자애로우시며 심판의 날을 주관하시도다. 우리는 당신만을 경배하오며 당신에게만 구원을 비노니 저희를 올바른 길로 인도해 주시옵소서. 그 길은 당신께서 축복을 내리신 길이며 노여움을 받는 자나 방황하는 자들이 걷지 않는 가장 올바른 길이옵니다." 시아파는 인간을 나약하고 사악한 존재로 규정하면서 인간은 이맘의 지도에 의해 구제될 수 있다고 믿는다. 이는 신과 인간의 중재자로서의 이맘의 역할을 강조하는 이론으로 발전했다.

감정주의

감정주의는 시아파에 대한 서구 학자들의 연구 중 가장 많은 비중을 차지하는 분야이다. 드와이트 도널드슨$^{Dwight\ Donaldson}$은 시아파가 탄식, 채찍질, 기타 순교한 이맘을 기리는 열정적인 의식 외에는 별로 눈여겨볼 것이 없다고 주장한다. 배글리$^{F.\ Bagley}$도 시아파는 특히 후기 수니파와 비교했을 때 감정적인 성격이 두드러진다고 말한다. 그는 "수니파 모더니스트들은 무함마드 압두 학파에서 유래했는데 감정적인 활력이 결여되어 있다. 그들이 수피즘을 거부한 것은 탁발승 제도(모스크와 성직자의 부정부패를 비판하고 궁핍과 헌신을 미덕으로 여기면서 독자적인 종교활동을 수행하는 성직자 제도)에 대한 불신과 반이성주의 때문인데, 이성적인 사고가 결여되어 있으며 일반인의 의견을 반영하지 못하는 사회적 개혁주의, 그리고 다른 국가주의에 대한 국가주의 외에는 이렇다 할 것을 지니고 있지 않다"라고 분석한다. 배글리는 이로 인해 시아파의 감정주의가 보다 인간적인 메시지를 지니고 있다고 결론지었다.

시아파는 이맘을 위한 연례 애도 의식과 이맘과 그 후손의 무덤 앞에서 매일 벌어지는 순례자들의 열광적인 애원을 통해 감정주의를 증명하고 있다. 죄를 사해주는 용매제로서의 고뇌와 슬픔을 찬양하는 감정 이론이 감정주의를 정당화하고 있는 것이다. 금욕과 고통은 향락주의적 욕망으로 인한 죄를 사해주며 신과 인간을 중재하기 위한 고행의 역할을 수행한다. 이는 또한 예언자와 이맘이 적을 물리칠 힘이 충분함에도 불구하고 그들에게 순응하는 이유를 설명해주고 있다.

그러나 감정주의는 이맘위 철학의 필연적 결과이기도 하다. 시아파처럼 믿음을 지속시키고 개인을 구제하기 위해 신이 임명한 인간(성인, 14명의 무고한 인간, 이맘 또는 신의 교우)을 필요로 하는 신학 체제는 이들의 영웅담을 대량 생산해낸다. 이맘 전기에서 가장 중요한 부분은 이맘들이 수치, 박해, 순교를 인내했다는 대목이다. 이맘의 순교와 그에 대한 애도는 시아파 문화정신에 스며 있고 감정주의 정서를 강화시켰다.

어떤 종교든지 역사적 발전과정에서는 정통파의 엄숙하고 초연한 이미지와, 따뜻하며 인간적인 지도를 갈망하는 신비주의, 성인이나 정신적 지도자들에 대한 대중적 어필 간에 균열이 발생하기 마련이다. 수니파와 시아파 간에는 시를 대하는 태도에서도 차이점을 발견할 수 있다. 쿠란에 시인을 비난한 구절이 있음에도 불구하고 수니파는 이슬람 전파 초기에 하산 이븐 타비트Hassan Ibn Thabit, 카압 이븐 말리크Kaab Ibn Malik, 우마야트 이븐 아비스 살트^{Umayyat Ibn Abis Salt} 같은 시인의 작품을 높이 평가했다. 수니파는 시인을 높이 평가하기만 했지만 시아파는 시와 노래를 예배 행위로 인정하기까지 했다. 이는 타지야^{ta'ziyah}(수난극)와 라우다 하니 ^{rawdah-khani}(이맘의 고통을 낭송하는 것)를 종교 의식에 도입했다는 사실로 증명된다.

그러나 시아파의 감정주의가 시아파 정치 문화에 미친 영향은 수피즘이 수니파 사회에 미친 영향보다 훨씬 크다. 시아파의 감정주의는 대중적 좌절감을 편리하게 배설할 수 있게 했을 뿐 아니라 대중으로 하여금 기성 권위에 도전하기보다는 억압받는 데 만족하게 함으로써 전제정권의 가장 강력한 동반자가 될 수 있었다. 또한 정치적 부정은 혐오하면서도 질병, 역겨운 이웃, 벌레 같은 인간 등 삶에 불쾌감을 주는 것에 대해서는 신과 이맘에게 탄원하는 방식으로 대항함으로써 이들을 배격했다.

3

시아파의 탄생 과정

[이맘의 역사]

훔 연못에서 이루어진 후계자 승계

632년 3월 16일. 예언자 무함마드는 자신의 추종자들과 함께 마지막 순례를 마치고 메디나에서 메카로 돌아오는 길에 한 오아시스에서 멈췄다. 그날 오후 무함마드는 훔 연못에서 회의를 소집했다. 그는 "내가 너희들에게 여전히 따를 만한 지도자더냐?"라고 물었고 추종자들은 물론이라고 대답했다. 그러자 그는 알리^Ali의 손을 잡고 일으켜 세운 뒤 다음과 같이 말했다. "나를 자신의 주인(마울라)으로 맞이할 이는 누구든지 알리를 자신의 주인으로 맞이하라." 시아파는 이 선언을 통해 알리가 공식적으로 예언자의 후계자로 지명되었다고 주장하면서 이날을 가디르 축제(이드 알 가디르^Id al-Ghadir)로 정하고 있다. 하지만 이 발언에 대해 수니파는 다른 입장을 취하고 있다. 아랍어 마울라는 주인과 친구라는 두 가지 의미로 해석될 수 있는데, 수니파는 이 발언이 단순히 친구를 지칭하는 것이라고 주장한다. 무함마드의 이 발언은 모호한 면이 있어 이처럼 시아파와 수니파의 이해관계에 따라 해석되고 있다. 저명한 시아파 학자 셰이크 알 무피드Sheykh al-Mufid(948 또는 950~1022)는 자신의 저서 『키탑 알 이르샤드 Kitab al-Irshad』에서 다음과 같이 설명했다. "예언자는 먼저 알리에게 자신에 대한 복종을 요구하고 나서 추종자들에 대한 자신의 권위를 알리에게도 부여하는 방식을 취했다. 이것은 이맘과 예언자 후계자의 지위를 보여주는 명백한 증거이다."

알리 이븐 아비 탈립Ali ibn Abi Talib(598~661)은 무함마드의 사촌동생으로 무함마드의 삼촌 아부 탈립Abu Talib의 아들이다. 무함마드는 어린 시절 부모를 잃고 삼촌 집에서 자랐다. 하지만 삼촌의 가정 형편이 어려워지자 무함마드는 삼촌의 부담을 덜어주기 위해서 사촌동생 알리를 양자로 삼았다. 알리는 무슬림들에게서 많은 존경을 받기도 하지만 논란의 중심에 서 있는 인물이기도 하다. 알리는 무함마드의 첫 번째 부인 하디자Khadija에 이어 두 번째로 무슬림으로 개종한 인물로, 남자 가운데서는 최초의 무슬림으로 추정된다.

무함마드가 622년 메카에서 메디나로 이주하자 알리는 곧바로 그를 따라 메디나에 정착했다. 시아파의 기록에 따르면, 622년 9월 말 메카의 쿠라이시족 지도자들이 무함마드의 암살을 계획했을 때 알리는 그의 안전을 책임졌다. 암살자들이 무함마드의 집을 급습하자 알리는 무함마드를 대신해 그의 푸른색 망토를 입고 침대에서 자는 척하면서 유인책을 썼고 결국 암살계획을 무산시켰다. 무함마드는 메디나에서 보낸 10년(622~632) 동안 이슬람 국가를 건설하기 위한 초석을 마련했다. 그 시기 알리는 무함마드의 최측근이었고 무함마드의 딸 파티마와 결혼해 사위가 되었다. 시아파의 기록에 따르면, 630년 메카를 정복한 무함마드가 입성할 당시 깃발을 들고 있던 사람은 알리였다고 한다. 또한 630년 10월 무함마드가 아라비아 북부의 오아시스 도시 타북을 상대로 마지막 전투를 준비하고 있을 때, 알리는 예멘을 정복하고 그곳의 주민들에게 이슬람을 전파했으며 이후 메디나의 칼리프로 임명되었다.

632년 6월 8일 무함마드가 죽음을 맞이했다. 그러자 곧이어 예언자 후계자를 선출하기 위한 사키파 회의가 소집되어 다양한 논쟁이 벌어졌다. 이 회의에서 쟁점이 된 것은 표면상으로는 인품에 관한 논쟁이었지만 내면적으로는 정치적인 사고에 관한 논쟁이었다. 한 그룹은 홈 연못 사건을 근거로 무함마드의 사위이자 사촌인 알리를 후계자로 선임해야 한다고 믿었다. 또 다른 그룹에서는 무함마드의 삼촌인 아바스가 후계자라고 주장했는데, 그 이유는 그가 예언자의 친족이라는 결정적인 자격요건을 갖추고 있기 때문이었다. 아바스는 알리보다 연장자인 친족이므로 지도자는 다른 사람보다 연장자여야 한다는 쿠란의 구절(8장 75절)에 따라 더 많은 자격조건을 갖추고 있다는 것이었다. 시아파는 일반인들의 판단에 맡기기에는 이슬람공동체의 지도자를 선출하는 문제가 매우 중요한 사항이고 신성한 신의 계시에 위배된다고 주장했다. 그들은 신만이 개인의 지식, 무과실 및 무죄성의 자질을 알고 있으며, 신은 예언자를 통해 개인에게 이를 알려준다고 믿는다. 시아파는 무함마드의 측근 또는 친족만이 이러한 자질을 소유하고 있는데 그들이 바로 알리와 그의 남자 후손이라고 주장했다.

반면 다수파 그룹의 견해는 무함마드가 후계자 문제를 미결 상태로 남겨두어 이슬람공동체가 가장 능력 있는 지도자를 결정하도록 했다는 것이었다. 이 그룹은 예언자의 관행, 즉 순나의 추종자들로, 순나라는 명칭은 인품보다 원칙 고수를 상징한다. 수니파는 특정한 개인이 아닌 이슬람공동체가 무함마드의 후계자를 선출할 자격을 가지고 있다는 입장이다. 무함마드의 진정한 의도가 무엇이었든 간에 사키파 회의에서는 수니파의 견해가 지배적이었다. 이슬람 역사가 타바리al-Tabari(838~923)는 회의의 절차가 자발적이었는지에 대해서는 신뢰할 수 없는 부분이 있다고 지적했지만, 이슬람의 역사에서는 이 회의를 공식적으로 인정하고 있으며 이 회의를 통해 후계자가 선출되었다.

결국 알리는 후계자로 지명받지 못했고 무함마드의 오랜 교우이자 장인인 아부 바크르(632~634년 재임)가 예언자의 후계자로 선출되었다. 아부 바크르는 573년 메카에서 태어났으며 무함마드와는 어릴 적부터 친구였다. 아부 바크르는 다른 후보들보다 나이가 많았고 무함마드가 메카에서 메디나로 이주할 때 동행자로 선택되었다. 이러한 아부 바크르의 자질은 사키파 회의를 정당화시켰다. 하지만 아부 바크르를 반대하는 부족들이 그의 통치권에 의문을 제기하며 반기를 들자 아부 바크르는 '배교자의 전쟁'을 선포하면서 반란군을 진압했다. 아부 바크르는 2년간 칼리프 지위를 수행하면서 아라비아반도를 통일했고 남부 이라크와 시리아까지 정복했지만 634년 8월 23일 열병으로 사망했다. 그는 사망하기 전에 우마르Umar(634~644년 재임)를 후계자로 지명해 충성 서약을 받음으로써 칼리프가 죽기 전에 새로운 칼리프를 선출하는 전례를 남겼다.

579년 메카에서 태어난 제2대 칼리프 우마르는 초기에는 이슬람을 반대했던 인물이다. 일화에 따르면 그는 616년 자신이 여동생 부부를 학대하는데도 그 부부가 쿠란 구절을 암송하는 모습을 보고 감명받아 이슬람으로 개종했다고 한다. 그도 622년 무함마드와 동행한 무하지룬이다. 그는 통치기간 10년 동안 대규모 정복사업을 수행해 642년 사산 제국을 멸

망시켜 이슬람 국가로 만들었고, 비잔티움 제국과의 전쟁에서는 시리아, 팔레스타인, 이집트를 빼앗았다. 우마르가 죽은 후에는 6명으로 구성된 위원회, 즉 슈라shura가 제3대 칼리프를 선출하기 위한 회의를 개최했다. 그들은 메카인이던 우마이야 가문의 우스만Uthman(644~656년 재임)을 선택했다. 우스만의 최대 업적은 쿠란의 정본을 편찬한 것으로, 오늘날 이슬람세계에서 사용하는 쿠란은 우스만본 쿠란이다. 당시 알리는 위원회의 멤버 가운데 한 명으로 46세였는데, 그는 우스만의 반대세력이었음에도 불구하고 우스만의 선출에 반대하지 않았다. 하지만 알리와 우스만의 대립과 갈등은 극단으로 치달아 이슬람공동체의 분열로 나타났다. 무함마드의 교우였던 우스만은 메카의 귀족사회를 토대로 오랜 기간 이교도로 남아 있던 우마이야 가문을 대표했다. 반면에 알리는 무함마드와 함께 메카에서 메디나로 이주한 경험을 지니고 있으며 근원적인 종교 신념을 가진 최초의 무슬림들을 대변했다. 이는 이슬람공동체 내부의 경쟁관계로 나타났고 메카파와 메디나파의 대립구조로 확산되었다. 이러한 긴장 상태는 656년 무력 충돌로 이어져 6월 20일 제3대 칼리프 우스만은 살해당했다.

657년 6월 17일 예언자 무함마드가 거주했던 메디나의 모스크에서 알리는 제4대 칼리프로 추대되었다. 시아파의 교리에서는 알리가 제4대 칼리프에 취임함에 따라 무함마드의 유일한 합법적 계승자가 마침내 힘을 갖게 되었다고 표현한다. 시아파에서는 언제나 알리가 정당한 칼리프이다. 시아파는 앞선 세 명의 칼리프를 인정하지 않는다. 시아파는 알리의 권리가 이상적인 이슬람 권위를 반대하는 아부 바크르, 우마르, 우스만에 의해 강탈당했다고 믿고 있으며, 무함마드 사후의 적법한 칼리프이자 이맘은 바로 알리라고 주장한다. 시아파에서는 앞선 세 명의 칼리프가

행한 권력의 찬탈은 이슬람공동체 내부의 진정한 믿음을 가진 이들을 위선자들로부터 분리하기 위한 일종의 시험이었다고 말한다.

하지만 알리가 사실상 모든 사람들로부터는 인정을 받지 못하자 우스만의 암살과 관련해 내분이 시작되었다. 제1차 내란은 656년 10월 예언자의 미망인 아이샤와의 전쟁으로 무슬림들 사이에 최초로 일어난 전쟁이었다. 아이샤는 이라크의 바스라로 가서 총독을 추방하고 알리에 대항해 저항했다. 제1차 내란은 아이샤가 낙타를 타고 전투를 지휘했다고 해서 '낙타 전쟁'이라고 부른다. 알리는 쿠파인들의 도움을 받아 이 반란을 진압했으며, 이후 메디나로 돌아가지 않고 쿠파에서 이슬람 국가를 수립했다. 제2차 내란은 우마이야 가문인 시리아 총독 무아위야에 의해 일어났다. 이는 우스만 살해를 둘러싼 정치 갈등뿐만 아니라 시리아 아랍인과 이라크 아랍인 간의 지역 갈등도 원인으로 작용한 전쟁으로, 사실상 다마스쿠스 대 쿠파의 대립구도였다.

657년 5월부터 시작된 전쟁은 7월 26일에서 28일까지 3일간 시핀에서 치열한 전투를 벌였다. 수많은 전투를 벌였음에도 전쟁은 끝나지 않았고 마침내 두 진영은 협상에 들어갔다. 659년 1월 아드루(오늘날 페트라와 마안 사이의 요르단)에서 협상이 진행되었으나 명확한 결론에 도달하지 못했다. 대신 무아위야가 알리를 제4대 칼리프로 인정하는 조건으로 시리아 총독을 유지하는 중재안이 체결되었다. 이 결정으로 사실상 이슬람공동체는 분열되었다. 661년 1월 27일 알리는 쿠파에 위치한 모스크에 입장하던 중 이븐 물잠Ibn Muljam에게 습격을 당해 중상을 입고 이틀 뒤 사망했다. 당시 그의 나이는 62~63세로 추정된다. 이로써 시아파의 이맘은 사망했고 알리는 시아파의 오랜 순교자 대열의 첫째로 기록되었다. 알리의 짧은 칼리프 재임 기간(656~661)은 무함마드 사후 이슬람공동체를 분열시키는 직접적인 계기가 되었다. 알리의 무덤은 나자프에 있는데, 시아파에서는 제1대 이맘 알리의 모스크가 있는 나자프를 메카, 메디나와 더불어 3대 이슬람 성지로 꼽는다.

시아파라는 단어는 무아위야와 시리아인들을 상대로 한 알리의 전쟁에서 알리를 따랐던 추종자들을 뜻하는 말로, 이들은 알리가 살해당한 이후에도 계속해서 존속했다. 쿠파에 위치한 알리의 자택은 그들의 거점이 되었고 그들은 이곳에서 알리의 아들이 아버지의 뒤를 잇기를 바랐다. 알리가 암살된 이후 정통 칼리프 시대는 종식되었다. 이후 이슬람세계의 칼리프는 우마이야 왕조와 아바시야 왕조로 이어졌다. 이 시기 시아파는 칼리프의 권위를 거부하면서 이슬람 사회의 정당한 지도자는 알리와 그의 후손이라고 주장했다. 예언자의 자손만이 유일하게 정당한 지휘권을 가질 수 있다고 믿으면서 당시의 칼리프에게 도전하는 자세를 견지했던 것이다. 이는 시아파에서 지금도 끝나지 않은 정치적·종교적 투쟁의 서막이었다.

2~5대 이맘: 카르발라의 비극과 후계자 논쟁

알리는 예언자의 딸인 파티마와 결혼해 두 명의 아들을 두었다. 장남 하산Hasan은 624년 12월 1일 메디나에서 태어났으며 그의 나이 36~37세 때 아버지의 죽음을 맞았다. 하산은 자신이 칼리프라고 선언했지만 무아위야가 시리아 군대를 이끌고 이라크로 쳐들어오자 우유부단한 모습을 보였다. 바그다드 인근 마다인에서 무아위야는 하산에게 칼리프를 포기하는 조건으로 거액을 건네고 칼리프직을 세습하지 않는다는 협정을 체결했다. 하산은 쿠파의 모스크에서 자신의 입장을 공표했고, 알리의 추종자들은 그의 결정에 크게 실망했다. 하산은 메디나로 돌아가 정치적 분쟁에 휘말리지 않고 그곳의 영주로 살다가 사망했다. 그는 결혼을 많이 했다는 역사적 자료로만 언급되어 있을 뿐, 죽은 시기조차 불분명하다. 그는 670년에 사망한 것으로 보이며 메디나의 바키 묘지에 묻혔다. 시아파는 하산을 아버지 알리의 적법한 후계자이자 제2대 이맘으로 분류한다. 이맘위는 하산이 사망한 이후에도 계속 이어졌다. 시아파에서는 제2대 이맘 하산이 무아위야에게 복종한 것에 대해 당시의 시대 상황에서 비롯된 현실주의 노선이라고 정당화하고 있다. 즉, 시리아 군대의 전력이 군사적으로 우위였던 사실에 초점을 맞추어 제2대 이맘 하산이 무슬림들 사이에서 벌어질 불필요한 희생을 피하고자 했던 것이라고 설명한다. 하산은 자신의 권리를 포기하지 않은 채 권력에 고개를 숙인 것으로 간주되기 때문에 시아파의 관점에서 볼 때 그는 모든 이맘이 그랬듯이 순교한 것인 셈이다. 시아파들은 무아위야가 하산의 부인들 중 한 명을 시켜 하산을 독살했다고 믿고 있다.

무아위야는 661년 7월 예루살렘에서 칼리프 즉위식을 개최하면서 이슬람 성지를 수호하겠다는 의지를 밝히고 자신의 지지 기반인 다마스쿠스로 수도를 옮겼다. 그는 680년 봄 사망하기 직전 자신의 후계자로 야지드를 지명했다. 야지드는 무함마드를 개인적으로 알지 못하고 칼리프가 된 최초의 인물이자 왕위 계승이라는 왕조의 원칙을 세운 인물이다. 칼리프 무아위야가 사망했을 당시 제1대 이맘인 알리의 차남이자 하산의 동생인 후세인Hussein은 54세였다. 625년 10월 10일 메디나에서 태어난 후세인은 하산이 사망한 이후 우마이야 왕조에 대항한 저항의 상징이 되었다. 쿠파에서 온 지지자들은 우마이야 왕조를 타도하고 시아파의 지도자가 되기 위해서는 이라크로 이주해야 한다고 조언했다. 후세인은 당

동예루살렘의 다마스쿠스 문. 예루살렘의 구시가지를 둘러싸고 있는 성벽의 8개 성문 가운데 가장 크고 아름다운 문이다.

시의 상황을 조사하기 위해 쿠파로 측근을 보냈고 수천 명의 지지자들이 반란에 참가할 준비가 되어 있다는 보고를 받았다. 물론 위험할 수 있다는 경고도 받았지만 후세인은 680년 9월 가족 및 소규모 지지자들과 함께 중앙아라비아의 사막을 가로지르는 순례 경로를 따라 이라크로 향했다. 이라크 총독 우바이드 알라 이븐 지야드Ubayd Allah ibn Ziyad는 후세인의 이동 경로를 파악하는 한편 쿠파에 있는 후세인의 사촌 무슬림을 포함한 지도부들을 처형했다. 후세인 일행은 이라크 총독이 보낸 선발대에 막혀 북쪽으로 이동했다.

이슬람력 1월인 무하람 2일(680년 10월 2일), 후세인 군대는 유프라테스강 서쪽에서 20km 떨어져 있는 카르발라에 캠프를 쳤다. 이라크 총독의 군대 4000여 명은 다음날 카르발라에 도착했다. 이븐 사드^{Ibn Sad}의 지휘 아래 그들은 후세인의 군대가 사흘 동안 물을 구하지 못하도록 강에 대한 접근을 차단했다. 더 나아가 후세인이 칼리프 야지드에게 공물을 바치는 것을 거부하자 추가 협상도 실패했다. 무하람 9일, 쿠판 군대는 후세인의 캠프에 접근했고 다음날(680년 10월 10일)부터 본격적인 전투가 시작되었다. 후세인과 호위대를 이루던 거의 모든 사람들, 즉 기마병 32명과 보병 40명이 죽었다. 사상자들은 오늘날 카르발라의 성지가 있는 학살의 현장에 묻혔다. 그들은 후세인의 머리를 잘라 이라크 총독 우바이드가 있는 쿠파로 보냈고 우바이드는 이를 다시 다마스쿠스로 전달했다. 인질로 잡혔던 후세인의 여동생 자이납과 후세인의 아들 알리도 처음에는 쿠파로 이송되었다가 다마스쿠스로 보내졌다. 칼리프 야지드는 그들을 풀어주면서 메디나로 보냈다.

후세인의 머리는 다마스쿠스에 묻혔다고 알려져 있다. 그의 머리는 다마스쿠스의 우마이야 모스크의 안뜰에 있는 회의실에 묻힌 것으로 추정된다. 다른 자료에서는 후세인의 머리는 팔레스타인의 아스칼론에 묻혔다가 십자군전쟁 이후 카이로로 옮겨져 파티마 왕조(909~1171)가 1154년에 세운 후세인 모스크에 묻혔다고 주장하기도 한다.

카르발라 사건에 대한 초기 보고서는 구전으로 내려온 이야기를 쿠파의 아부 미흐나프^{Abu Mikhnaf}(774년 사망)가 작성했다. 그의 보고서는 수니파와 시아파의 역사가들에 의해 자주 인용되었다. 이 초기 자료는 시아파의 선입견을 반영했음에도 불구하고 13세기까지 연극과 예술 작품의 주제로 사용되었다. 680년 일어난 카르발라의 비극은 1세대인 알리 대 무아위야의 대결이 2세대인 후세인 대 야지드 간의 갈등으로 이어진 정치적 권력투쟁이라고 볼 수 있다. 하지만 카르발라의 비극은 제3대 이맘

카르발라의 비극을 다룬 그림으로, 순교한 제3대 이맘 후세인이 탔던 말을 통해 당시의 처참한 상황을 묘사하고 있다.

인 후세인의 죽음을 대한 추종자들의 추모를 뛰어넘어 시아파를 탄생시킨 결정적인 사건이었다.

680년 카르발라의 비극 이전까지 시아파는 종교적인 특성을 가지고 있지 않았다. 사실 제3대 이맘 후세인의 죽음은 칼리프가 우마이야 왕조에 도전했다가 패배했음을 의미한다. 그럼에도 불구하고 제3대 이맘 후세인의 저항은 시아파 상징의 모델로 등장했다. 이는 시아파에서 매우 중요한 역사적 사건이자 종교적 상징이 되었다. 이 사건은 시아파에게 후세인의 죽음에 대한 애석함과 더불어 자신들의 무관심에 대한 죄책감을 불러일으켰고 이로 인해 복수와 정의를 실현해야 한다는 주장이 등장했다. 즉, 제3대 이맘 후세인은 다른 사람들의 죄를 대신해 속죄하는 희생양으로 선택되었다는 것이다. 제3대 이맘 후세인의 죽음은 순교의 개념으로 받아들여져 시아파의 세계를 확장시켰다. 시아파에서 카르발라는 종교적 차원에서 볼 때 신성한 구원의 중심이 되었고 시아파의 체계를 급속하게 팽창시킨 전환점이 되었다.

아랍인들은 유프라테스강의 쿠파지역에 정착했는데 이곳이 시아파의 출발지였다. 시아파는 이란이 아니라 아랍 환경인 이라크에서 탄생한 것이다. 일부에서는 시아파가 아랍의 정신이 아니라 외국인 이란의 현상이라고 주장하기도 한다. 하지만 이는 16세기 이후 이란이 시아파를 국교로 선언한 후 고대 이란의 전통이 시아파의 교리와 결합되면서 나타난 현상이다. 시아파의 기원은 아랍 이슬람 그 자체이다. 시아파는 실제로 카르발라의 비극과 684년 참회를 위한 죽음의 행진 사이에서 시작되었다. 알리의 추종자들은 후세인을 이라크의 쿠파로 초대했지만 이라크 총독의 압력으로 후세인이 포위된 상황에서 지원을 하지 못했다. 알리의 추종자인 쿠파의 시아파는 예언자의 손자에게 비극이 발생했을 때 그를 돕지 못한 데 대해 심한 죄책감과 부끄러움을 느꼈다. 그 대표적인 그룹이 시아파의 핵심으로 불리는 '참회자들at-tawwabun'이었다. 참회자들의 지도자는 술라이만 이븐 수라드Sulayman ibn Surad로, 시핀 전투에서 알리의 측근으로 싸웠던 인물이다. 술라이만 이븐 수라드는 후세인이 카르발라에서 사망했을 당시 60세였다. 참회자들은 술라이만 이븐 수라드의 집에 모여 자신들의 과오를 자책했으며 회개를 통해 그 과오를 씻는 정기적인 모임을 가지면서 고통받는 양심에 평안을 회복하기 위한 방법을 찾았다.

아부 미흐나프의 보고서는 이 사건을 다룬 최초의 자료로, 대부분 생존자들의 간접적인 증언을 토대로 수집되었다. 그의 보고서는 시아파의 입장에서 카르발라에서의 후세인의 행동을 다소 영웅적으로 묘사하긴

680년 10월 10일(이슬람력 1월 10일) 일어난 카르발라 전투를 상징하는 그림. 가운데 있는 사람이 제3대 이맘 후세인이다.

했지만 당시 시아파의 분위기를 반영하고 있다. 술라이만 이븐 수라드의 집에 모인 게릴라들은 철저한 자기비판을 통해 스스로의 치욕을 인정하고 죽음으로 속죄하고자 했다. 술라이만 이븐 수라드는 쿠란 제2장 54절을 인용했다. "모세가 그의 백성에게 이르되 백성들이여, 송아지를 숭배해 자신들을 우롱했노라. 주님께 회개하고 속죄하라. 주님의 은총이 있어 너희들을 용서할 것이라. 진실로 그분은 관용과 자비로 충만하시니라."

이 구절을 인용한 후 술라이만 이븐 수라드는 동료에게 말했다. "만약 당신에게 이제까지 했던 행위를 그대로 수행하도록 요청받는다면 당신은 어떻게 하겠는가?" 그들은 집단적 속죄의 대안으로 자기희생이 필요하다고 의견을 모았다. 술라이만 이븐 수라드는 죽음의 행진에 참여하

카르발라 전투에서 사망한 제3대 이맘 후세인의 목을 우마이야 왕조의 칼리프 야지드에게 바치는 그림.

기 위한 편지를 지지자들에게 보냈다. 참회자들은 684년 11월 쿠파의 북부 지역에서 만나기로 했는데 예상보다 적은 인원이 참석했다. 그들은 제3대 이맘 후세인을 추모하기 위해 카르발라에서 하룻밤을 보내고 나서 시리아를 향해 유프라테스강을 따라 북쪽으로 행진했다. 685년 1월 초 그들은 우마이야 왕조의 군대에 맞서 싸우다 메소포타미아 북부의 아인 알 와르다 부근에서 패배해 대부분 사망했다.

이 사건 이후 쿠파의 시아파는 쿠파를 비롯한 이라크 남부 지역을 장악하면서 저항운동을 전개했지만 1년 반 만에 이라크 총독의 군대에 진압당하면서 모두 실패로 끝났다. 하지만 쿠파에서 일어난 회개 운동은 진정한 시아파의 시작을 의미했다. 이 운동을 통해 자기희생은 시아파의 가장 중요한 특성으로 발전했고 오늘날까지 이어지고 있다. 이는 또한 시아파의 경건함을 상징하는 의미가 되었다. 자기희생은 아슈라 문화의식을 통해 반복적으로 나타나고 있다. 이 의식은 자기희생을 통해 종교의 가르침을 실천하는 것이다.

이 시기 시아파 내부에서는 제3대 이맘인 후세인의 후계자에 대한 논쟁이 벌어졌다. 일부 시아파는 후세인의 생존한 아들 알리 대신에 하산과 후세인의 이복동생인 무함마드Muhammad가 제4대 이맘이 되어야 한다고 주장했다. 무함마드는 알리의 친자이긴 했지만 파티마가 그의 어머니는 아니었다. 다시 말하면, 그는 예언자 무함마드의 직계 손자가 아니었다. 이는 그 시기 시아파가 이맘의 혈통 문제에 대해 특별히 제한을 두지 않았음을 보여주는 것이다. 반면에 다수의 시아파는 후세인의 아들이자 카르발라 비극 당시 몸이 아파 텐트에 누워 있었던 관계로 유일하게 살아남은 알리를 제4대 이맘으로 받아들였다.

시아파에서는 알리가 자인 알 아비딘Zayn al-Abidin, 즉 '참배자들의 장식'이라는 칭호를 받았다고 한다. 그는 한 번도 정계에 입문하지 않았으며 그의 삶에 대해서도 알려진 바가 없다. 그가 사망한 연도는 정확하지 않지만 713년 메디나에서 사망한 것으로 알려져 있다. 또한 733년 메디나에서 사망한 제5대 이맘 무함마드 알 바키르Muhammad al-Baqir도 생전에 어떠한 정치적 야망도 표출한 적이 없다고 한다. 한편, 무함마드의 이복형인 자이드Zayd는 740년 쿠파에서 추종자들을 이끌고 반란을 일으켰으나 우마이야 왕조의 칼리프 히샴 이븐 압드 알 말리크Hisham Ibn Abd al-Malik 군대와의 전투에서 살해당했다. 예멘의 시아파는 자이드를 추종하는 자이드파로, 이 자이드파는 지금도 존재하고 있다. 자이드파는 무함마드 알 바키르가 아닌 자이드가 제5대 이맘이자 마지막 이맘이라고 여긴다. 즉, 자이드를 포함한 다섯 명의 이맘만 마술적 능력을 지녔다고 인정하기 때문에 자이드파는 '다섯 이맘파'라고도 불린다.

6~11대 이맘: 이맘의 고난시대

시아파는 제6대 이맘인 자파르 알 사디크Jafar al-Sadiq를 통해 체계적인 형태로 발전하게 되었다. 702년 메디나에서 태어난 것으로 추정되는 자파르 알 사디크는 그곳에서 부유한 지주로 살았다. 그는 한평생 정치활동에 개입하지 않았으며 765년 메디나에서 사망했다. 그가 살던 시기에는 아바시야 혁명이 일어나 우마이야 왕조가 붕괴되었고 아바스 가문이 권력을 장악하게 되었다. 아바시야 왕조는 예언자 무함마드의 삼촌인 아바스의 후손들로 구성된 왕조이다. 자파르는 시아파 법학파의 창시자로 예언자 무함마드에 관한 전승을 모아 주석을 달았다. 시아파는 자파르가 주석을 달아 만든 책을 모든 법과 종교적 질서에서 가장 중요한 권위로 간주하고 있다. 자파르는 시아파의 법과 전통에 대한 이론을 체계화시킨 이맘으로 훗날 그의 이름을 따서 자파르 법학파가 창설되었다. 그는 아바시야 왕조의 칼리프 만수르의 명령으로 독살 당했다고 알려져 있다.

제6대 이맘 자파르 알 사디크가 765년 사망하자 이라크의 시아파는 커다란 위기에 빠졌다. 확실한 후계자로 지명된 자파르의 둘째 아들 이스마일Ismail은 아버지보다 10년 일찍 죽었으며, 자파르의 첫째 아들 압둘라Abdullah는 아버지보다 단 몇 달 오래 살았고 후계자를 남기지 못했다. 이스마일파는 요절한 이스마일을 추종하는 분파로 '일곱 이맘파'라고 불린다. 그들은 이스마일이 죽지 않고 은신해 재림의 날을 기다리고 있다고 믿는다. 이 과정에서 시아파에서는 '이맘의 화신' 또는 '숨은 이맘론'이 등장했다. 하지만 당시에는 이 이론이 크게 주목받지 못했다.

제7대 이맘으로는 제6대 이맘 자파르의 셋째 아들인 무사 알 카짐Musa al-Kazim이 인정받았다. 제7대 이맘인 무사 알 카짐은 초기에 메디나에 거

제6대 이맘 자파르 알 사디크의 순교일을 추모하는 현수막이 이란 테헤란 거리에 걸려 있다.

주했다. 하지만 아바시야 왕조의 칼리프 하룬 알 라시드Harun al-Rashid(786~809년 재위)는 무사를 처음에는 바스라에, 나중에는 바그다드에 가택 연금시켰다. 당시에는 이맘의 추종자들이 점차 확산되면서 아바시야 왕조의 칼리프가 위기의식을 느끼고 있었다. 이때부터 모든 이맘은 바그다드 칼리프의 보호 감독 아래 놓이게 되었고 이라크에 볼모로 잡히는 처지가 되었다. 시아파에서는 이를 '이맘의 바빌론 유수'라고 부르면서 기나긴 순교의 연속이었다고 말한다. 또한 그들은 모든 이맘이 예외 없이 칼리프에 의해 잔인한 방법으로 제거되었다고 믿었다. 이러한 소문은 제7대 이맘 무사 알 카짐의 갑작스러운 사망으로 확산되었다. 시아파에서는 그가 독살 당해 바그다드 북부의 공동묘지에 묻혔다고 본다. 그의 무덤은 두 개의 황금 돔으로 된 시아파 예배당 내에 있는데, 그의 이름을 따서 알 카지미야al-Kazimiyya라고 부른다. 그의 곁에는 그의 손자인 제9대 이맘 알

이란 테헤란 북부 타즈리시에 위치한 바자르 입구. 제6대 이맘 자파르 알 사디크를 추모하는 현수막이 걸려 있다.

자와드al-Jawad도 함께 묻혔다. 두 이맘의 무덤이 된 후 이곳은 알 카지마인al-Kazimayn, 즉 '두 명의 카짐'이라고 불리곤 했다.

제8대 이맘 알리 알 리다Ali al-Rida는 아버지 무사 알 카짐이 추방된 뒤에도 메디나에서 거주했다. 그러나 816년 하룬 알 라시드의 아들 알 마문al-Mamun은 그를 동방으로 추방했다. 그는 처음에는 메르브로 갔다가 818년 이란 동부 투스에서 사망했고 그곳에 묻혔다. 현재 이란의 도시 마샤드는 그의 무덤을 중심으로 성장했다. 마샤드는 이란에서 유일하게 이맘의 무덤이 위치한 곳이기도 하다. 오늘날 이 무덤은 시아파의 대표적인 성지가 되었다. 이란에는 시아파의 또 다른 성지가 있는데, 바로 수세기 동안 독실한 시아파의 성지순례가 되어온 콤이다. 콤은 테헤란에서 남서쪽으로 156km 떨어진 오아시스 도시로, 아랍제국이 이슬람제국을 정복하는 동안 대부분 파괴되었지만 시아파를 믿는다는 이유로 쿠파에서 떠나야만 했던 아랍 식민 개척자들에 의해 712년 복귀되었다. 이슬람 도시 콤은 시아파 도시의 시초로 쿠파에서 파생되었으며 10세기까지 아랍의 특색을 보유했다. 제8대 이맘 알리 알 리다의 여동생인 파티마 마수메 Fatima Masumeh는 817년 이란의 동부로 떠났다. 그녀는 여정 중 병에 걸려 콤으로 갔고 그곳에서 사망했다. 제9대 이맘 무함마드 알 자와드의 세 딸도 이곳에 묻혔다. 20세기부터 이곳은 시아파 정치의 중심이 되었다.

제9대 이맘 무함마드 알 자와드는 칼리프 알 마문의 딸과 결혼했고 아바시야 왕조와 우호관계를 유지했다. 833년 알 마문의 뒤를 이은 칼리프 알 무타심al-Mutasim은 시아파에 대한 강경책을 구사했다. 그는 835년 메디나에 거주하고 있던 제9대 이맘 무함마드 알 자와드를 바그다드로 소환했고 알 자와드는 바그다드에 도착하고 나서 얼마 후 사망했다. 1년 뒤 칼리프 알 무타심은 바그다드를 떠나 사말라에 정착했는데, 이곳은 약 반세기(836~892) 동안 우마이야 왕조의 수도였다. 시아파의 영향력이 점차 강화되자 위기의식을 느낀 칼리프 알 무타심은 제10대 이맘 알리 알 하디Ali al-Hadi(865년 사망)를 사말라로 데리고 와서 정치적 볼모로 삼았다. 제11대 이맘 알 하산 알 아스카리al-Hasan al-Askari(873년 사망)도 사말라에서 거주하다가 28세에 사망했다. 제10대 이맘과 제11대 이맘의 무덤은 사말라에 함께 위치하고 있다.

12대 이맘: 숨은 이맘으로 불리다

수니파의 전통에 따르면 제11대 이맘은 젊은 나이에 세상을 떠났기 때문에 남성 후계자를 남기지 못했다고 한다. 시아파 내부에서는 이맘의 후

사우디아라비아 제다 지역에 있는 메카 문으로, 메카로 향하는 관문이다.

계자 단절이라는 심각한 위기 상황이 제기되었고 누가 이슬람공동체를 이끌 이맘이 되어야 하는가에 대해 다양한 논쟁이 벌어졌다. 시아파의 역사에서는 이 시기를 '혼돈의 시기'라고 부른다. 대다수의 시아파는 제 11대 이맘에게는 869년에 태어난 무함마드라는 후계자가 있었다고 주장 했다. 그들은 제12대 이맘은 아주 어린 나이에 대중에게 공개되었지만 제11대 이맘이 칼리프로부터 그를 보호하기 위해 숨겼다고 전해진다. 제 12대 이맘은 가장 가까운 가족들과 신뢰할 수 있는 친구들에게만 모습을 드러냈다고 한다. 제11대 이맘이 사망한 이후 제12대 이맘은 공개적인 장소에 나타나지 않았다. 제12대 이맘은 그 시기부터 은폐된 상태로 어 딘가에 존재하지만 전면에 나서지 않고 있으며 시아파는 이 이맘이 어느 순간 재림해서 시아파의 지도자로 등장할 것이라고 믿고 있다.

불가사의하거나 숨은 이맘에 관한 이론은 새로운 것이 아니었다. 시아파 세계에서 '숨은 이맘'이라는 개념이 널리 확산되기까지는 거의 200년이라는 시간이 걸렸고 이 '혼돈의 시기'에 다양한 분파가 사라졌다. 그들은 자신들을 다른 시아파 그룹과 구별하기 위해 '열두 이맘파'라고 불렀고 제12대 이맘의 존재와 그의 재림에 대한 믿음은 열두 이맘파의 가장 중요한 특징이 되었다.

제12대 이맘이 지구상 어딘가에 존재한다는 믿음은 매우 중요하다. 시아파들은 초기에는 제12대 이맘이 칼리프의 손아귀에서 벗어나기 위해 비잔틴 제국의 영토에서 가명으로 살았던 것으로 믿었다. 시아파에 따르면 제12대 이맘은 874년에서 941년까지 4명의 대리인wakils에게만 나타나 그들을 통해 공동체를 인도했다. 이 기간은 소은폐기ghaybat-i sughra로 알려져 있다. 이후 제12대 이맘은 외부와의 연락을 단절하고 인류에게서 멀어지기로 결심했다. 제12대 이맘은 마지막 편지에서 앞으로 자신과 접촉했다는 자는 모두 사기꾼으로 낙인찍는다는 입장을 천명했다. 이 시기부터 대은폐기ghaybat-i kubra가 시작되었다. 이 때문에 시아파 사회에서는 이슬람공동체를 이끌 이맘이 더 이상 존재하지 않게 되었고 영적 리더십의 부재가 나타났다. 제12대 이맘의 은폐기에는 누가 시아파 사회를 이끌 권위를 가진 존재인가에 대한 논쟁이 끊임없이 진행되었다. 시아파의 역사는 이에 대한 해답을 찾기 위한 논쟁사였다. 이에 대한 시도 중의 하나가 1979년 이란에서 일어난 이슬람혁명이었다.

시아파에서는 무함마드와 그의 딸인 파티마, 그리고 12명의 이맘을 '무오류의 14인'이라고 부른다. 시아파가 14인에게만 무오류성을 부여한 것은 특기할 만한 일이다. 그 누구도 감히 이들과 같은 무오류성을 주장할 수 없다. 시아파에서는 심지어 시아파의 최고위 성직자들도 오류를 범할 가능성이 있으며 그들의 결정과 판단은 임시적이고 일시적인 성격을 가지고 있어 항상 변화에 대해 종속적이라고 본다. 은폐된 한 명과 이미 사망한 13명을 합해 14명에게만 무오류성이 허용되었다는 사실은 이후 시아파 교리의 발전 과정에서 실용적으로 작용되었다. 즉, 현존하는 권위자들은 자신의 행동에 무제한의 자유가 허용되었다는 오류를 범할 수 있는 인간들이며, 그들의 행동은 임시적이고 변화에 종속되어 있는 것으로 간주되었다.

시아파에서는 모든 이맘이 순교자로 여겨진다. 시아파의 전통에 따르면 쿠파에서 살해당한 제1대 이맘 알리와 카르발라의 비극에서 처참하게 도륙당한 제3대 이맘 후세인, 이라크로 강제 추방당해 감옥에서 살해당한 이맘들뿐만 아니라 메디나에서 자연사한 것처럼 보이는 이맘들도 모두 각 지방의 통치자에 의해 제거된 것으로 간주한다. 모든 예언자 가문의 성원들은 '비운의 가문'이라고 불린다. 해마다 시아파들은 모든 이맘의 순교일을 애도의 날로 기리고 있다. 오직 제12대 이맘만 탄생일인 이슬람력 8월 15일로 기린다. 모든 이맘은 무결하고 죄가 없기 때문에 순교할 이유가 없지만 그럼에도 불구하고 고통을 받았다.

이맘의 선재先在에 대한 개념은 매우 일찍 발달했다. 물론 신만이 영원한 존재이며 이맘들은 인간으로 태어나서 죽고 부활하는 존재라고 항상 강조되기는 하지만 그들의 영혼은 신의 첫 번째 창조물이며 빛의 형태로 창조된 것으로 여겨진다. 제5대 이맘 알리는 다음과 같이 말했다고 한다. "신은 유일하며 그의 통일성에서 비할 데가 없다. 그분은 빛이 된 단어를 말씀하셨으며, 그 빛에서 무함마드를 창조했고 내 후손을 창조했다. 신께서는 영혼이 된 단어를 말씀하셨다. 그 영혼이 빛에 깃들게 하시고 그 빛이 우리 몸에 깃들게 하시니 우리 이맘들은 신의 영혼이며 그의 말씀이다." 알라위파는 알리를 숭배하는 분파로, 알리에 대한 숭배를 극단화시켜 그를 신성의 반열에 두어 신격화했다. 반면에 열두 이맘파 이론가들은 이맘을 우상화하는 주장을 비난했다.

열두 이맘파에게는 이맘의 지위가 가장 중요하다. 시아파에서는 이맘이 존재하지 않는다면 우주는 단 한 순간도 지속될 수 없다고 믿는다. 이것이 숨은 이맘의 존재를 정당화시키고 있다. 세계가 존속한다는 것은 어딘가에 숨은 이맘이 존재한다는 사실을 증명하는 것이다. '무오류의 14인'은 일반적으로 종교행사에서 중요한 자리를 차지한다. 시아파는 그들의 무덤을 순례하거나 그들의 고통에 슬퍼하며 눈물을 흘린다. 나자프, 카르발라, 마샤드, 사말라에 위치한 그들의 성소는 개인이나 지배자들이 낸 기부금을 통해 수세기에 걸쳐 중요한 경제공동체로 발전했다. 1501년부터 이란을 통치하게 된 시아파는 이곳에 황금 돔을 설치했다. 이맘의 이름은 각각의 별칭과 함께 남성들의 보편적인 이름이 되었다. 11명 이맘의 현존하는 후손은 순수한 무함마드의 직계손으로, 그들을 샤리프라고 부른다. 5장에서 자세히 다루겠지만, 1979년 이슬람혁명을 주도한 이란의 루홀라 무사비 호메이니 Ruhollah Musavi Khomeini는 제7대 이맘 무사 알 카짐의 후손으로 '무사비'라는 이름을 가지고 있다. 호메이니라는 성은 그가 태어난 '호메인'이라는 지역에서 딴 것이다. 예언자 무함마드의 시아파 후손은 머리에 쓰는 터번으로 구별이 가능하다. 예언자의 후손만 검은 터번을 착용할 수 있기 때문이다.

12대 이맘 마흐디의 귀환을 기다리다

시아파들은 제12대 이맘이 지구상의 어느 숨겨진 곳에 살고 있다고 믿는다. 그 누구도 그가 언제 돌아올지 어느 순간에 그의 귀환이 이루어질지는 정확히 알지 못한다. 중세 시기 이란에서는 안장을 얹은 말이 항상 준비되어 있었다. 이는 제12대 이맘이 재림했을 때 지체 없이 말에 탈 수 있도록 준비한 것이었다. 제12대 이맘의 별칭은 알 마흐디al-Mahdi이며 '올바르게 인도된 자'라는 뜻이다. 이 이름은 모든 이슬람 집단이 내부에 보유한 종말론을 제시한다. 비록 수니파 교리에서는 마흐디에 대한 기대가 중요한 역할을 차지하지 않지만 이슬람세계 곳곳에는 이러한 기대가 광범위하게 존재한다. 17세기 말에는 이슬람세계의 상황이 혼란스러운 가운데 '올바르게 인도된' 지도자, 즉 이슬람 내부의 정치적이고 교파적인 분열을 종결짓고 통일되고 순수하며 진정한 이슬람의 재건을 이룰 지도자를 신께서 보낼 것이라는 희망이 급부상했다. 그 시기 많은 선구자들은 자신의 추종자들에게 자신이 마흐디가 될 것이라거나 올바르게 인도된 지도자가 자신이라고 주장했다. 따라서 마흐디라는 개념은 혼란의 시기에 모든 이슬람 교파에 공통적으로 나타난 개념이라고 할 수 있다.

마흐디에 대한 희망은 시아파 영역에서 숨은 이맘의 개념과 결합하기 전까지는 현재처럼 특별하지 않았다. 700년 알리의 셋째 아들 무함마드(하산과 후세인의 이복동생)가 사망했는데, 그의 추종자들은 그가 죽지 않았다고 믿으며 메카와 메디나 사이에 있는 라드와산에서 그의 귀환을 기다리고 있다. 하지만 후세인의 자손이 중요하게 부각되면서 무함마드가 귀환할 것이라는 기대는 망각되었다. 제11대 이맘이 죽고 명백하게 살아 있는 계승자가 없는 상황에 이르자 숨은 이맘의 존재에 대한 믿음이 점진적으로 확산되었다. 이러한 믿음은 결국 마흐디가 돌아올 것이라는 희망과 함께 하나의 인물로 결합되었다. 시아파들은 제12대 이맘 무함마드는 언젠가 돌아와 전 지구를 불평등한 현실로부터 정의롭게 할 것이라고

메카 진입로. 메카를 중심으로 반경 약 100km 지역이 하람(성역)이며, 무슬림이 아니면 이곳을 방문할 수 없다.

믿고 있다.

　10세기 후반의 문헌은 사람들이 마흐디의 귀환에 대해 어떻게 상상하는지를 보여준다. 시아파 학자 셰이크 알 무피드는 키탑 알 이르샤드에서 제12대 이맘에 관한 모음집을 수록했다. 이 문헌에 따르면 제12대 이맘 마흐디가 돌아올 때 불길한 징조들이 나타날 것이라고 한다. "라마단 달 중간에 일식이 일어날 것이다. 평소와는 다르게 월식이 일어날 것이다. 육지가 알 바이다에서 가려질 것이다. 동쪽과 서쪽에서 가려질 것이다. 태양은 지는 시간부터 오후 예배자들을 위한 시간의 중간까지 계속 머물러 있을 것이다. 태양은 서쪽에서 떠오를 것이다. 암흑의 기운은 호라산에서 나타날 것이다. 예멘인들은 반란에서 나올 것이며 마그립인들은 이집트에서 나타나 시리아로부터 그 지역을 소유할 것이다. 투르크인들은 알 자지라 지역을 점유할 것이다. 비잔틴인들은 람라를 점유할 것이다. 별이 동쪽에서 나타나 달과 같이 빛을 낼 것이다. 새로운 달은 두 끝이 닿을 때까지 구부려질 것이다. 빛이 하늘에서 나타나 지평선으로 흩뿌려질 것이다. 불꽃이 동쪽에서 나타나 공기 중에 3일에서 7일 정도 있을 것이다. 유프라테스강이 범람해 쿠파의 길로 흘러들어갈 것이다. 60명의 위선자가 나타날 것이다. 그들 모두는 예언자의 지위를 주장할 것이다. 12명은 아부 탈립의 가족 중에서 나설 것이고 그들 모두는 이맘의 지위를 주장할 것이다. 암흑의 바람이 그날의 시작에 불어와서 지진이 일어나고 많은 것을 집어 삼킬 것이다. 이라크와 바그다드 사람들은 공포에 휩싸일 것이며 그곳에선 죽음이 일어날 것이다. 재산과 생명, 그리고 작물들이 사라질 것이다. 메뚜기 떼가 나타날 시기가 아닌데도 나타나 경작지와 농작물을 공격할 것이며 사람들이 경작한 작물은 얼마 남지 않게 될 것이다. 두 부류의 이방인이 분쟁을 일으키고 그들의 분쟁에서 많은 피가 흘려질 것이다. 노예들은 복종에 반역해 자신들의 주인을 죽일 것이다. 이교도 집단은 원숭이와 돼지로 변할 것이다. 비명소리가 하늘에 울려 퍼져 모든 사람이 자신들의 언어로 들을 것이다. 태양의 중심에는 사람들의 얼굴과 가슴이 나타날 것이다. 죽음이 그들의 묘에서 솟아날 것이고 그들은 세상에 돌아와 다른 이들을 인지하고 다른 이들을 방문할 것이다. 그것은 스물네 번 계속되는 폭풍우와 함께 올 것이고 육지는 그들의 죽음 뒤에 소생될 것이다. 죽음이 일어난 이후 그것의 축복을 알 수 있을 것이다. 이후 모든 질병이 마흐디의 평화로 사라질 것이다. 진실을 얻는 자들은 그때 메카에서 그의 출현을 알게 될 것이며, 그를 보필하기 위해 갈 것이다. 그는 카바의 반대편에서 등장할 것이며, 가브리엘의 평화가 그에게 있을 것이며, 신에게 그의 권리로 충성의 서약을 맹세할 것이다. 시아파는 지구 끝에서 그에게 와서 충성을 맹세할 것이다.

그리고 신은 불평등으로 가득 찼던 세계를 정의로 가득 채울 것이다."

　시아파의 이론에 따르면, 숨은 이맘은 신과 예언자로부터 위임받은 보증인으로서 지상에서 유일하고 정당한 지도자이다. 시아파들은 숨은 이맘이 그 누구에게도 자신을 대신하도록 위임하지 않았고 자신의 마지막 편지에서 그의 이름으로 행동하는 사람은 사기꾼이라고 언급했기 때문에 어떤 형태이든 세속 권력을 인정하지 않았다. 이러한 엄격한 태도는 중세 시대 시아파의 상황에서 진화되었다. 바그다드의 아바시야 칼리프는 수니파였다. 수니파는 진실한 신자들에 대한 압제자이자 순교된 이맘들에 대한 살해자로 여겨졌다. 시아파는 반대파에 비해 소수파였기 때문에 세속 권력과의 관계를 끊었다. 시아파는 제12대 이맘 마흐디는 죽지 않고 다만 사라졌을 뿐이라고 여기며, 그가 돌아오는 날이 바로 최후심판의 날이라고 믿는다.

〚 시아파의 문화 〛

시아파의 속죄 의식 아슈라의 기원

시아파를 수니파와 명확하게 구분 짓는 가장 큰 특징은 애도, 추모, 그리고 속죄 의식인 아슈라Ashura이다. 아슈라는 상징과 열정으로 가득 찬 시아파의 의식이다. 이 의식은 시아파를 정의하고 그들의 신념과 공동체를 상징하는 것이다. 684년 제3대 이맘 후세인이 순교하고 나서 4년 후 참회자들은 카르발라를 향해 죽음의 행진을 감행했다. 그들은 이맘의 무덤에서 울부짖고 애도하며 낮과 밤을 보냈다. 이는 후세인의 죽음을 명예

롭게 여기는 행위라기보다는 자신들의 죄의식을 표출하는 것이었다. 그들은 순교한 이맘에게 저지른 자신의 과오를 용서받기 위해 기도했다. 이맘의 무덤에서 자신들의 죄의식을 공개적으로 표현하는 것은 속죄를 해야 한다는 시아파의 커다란 강박관념과 애도 의식에 기인한다. 그들은 제3대 이맘의 순교를 회상하고 그의 고통을 공유한다. 이는 시아파를 지배하는 역사적인 죄의식 가운데 개인의 죄뿐만 아니라 집단적인 죄에 대해서도 속죄하는 것이다.

카르발라에 있는 후세인의 묘비에서 행해지는 집단적인 애도 행위는 시아파의 의식에서 문서화된 형태로는 가장 오래되었다. 중세 수니파 저술가들은 시아파의 전통에 대해 관심이 적었고 심지어 시아파 저술가조차도 일반인들이 행하는 의식 행위보다는 법적 문제에 더 많은 관심을 가졌다. 그럼에도 불구하고 몇몇 자료에 따르면 중세시대에도 일반인들의 의식은 현존하는 회개와 비판, 두 가지 형태로 존재했음을 알 수 있다. 즉, 가수들이 낭송하는 애가와 행렬이 바로 그것이다. 이 두 형태는 오늘날에도 여전히 주목할 만한 각색된 수난극인 타지예^{Taziyeh}가 탄생하는 데 크게 기여했다.

후세인의 순교를 추모하는 의식은 후세인 사후부터 등장했다. 우마이야 왕조 시기에 시아파는 후세인의 순교를 추모하는 의식을 개인 주택에서 비밀리에 행했다. 후세인의 죽음과 직접적인 이해관계에 있는 우마이야 왕조 시기에는 공개적으로 의식을 치르기가 어려웠기 때문이다. 그러나 무함마드의 숙부였던 아바스 가문이 우마이야 왕조를 무너뜨리고 아바시야 왕조를 세우면서 상황이 변했다. 아바스 가문은 우마이야 가문의 전제정치와 폭정에 대항해 제4대 칼리프 알리에 대한 복수를 해야 하고 예언자 가문에서 칼리프가 나와야 한다는 명문을 주장하면서 시아파의 지지를 이끌어냈다. 아바시야 왕조는 이에 대한 보상으로 왕조 건국 초기 나자프 인근에 있는 알리의 영묘를 재건하면서 시아파에 대한 우호적인 정책을 펼쳤다. 이 시기부터 후세인에 대한 추모 의식이 공개적으로 치러지게 되었고 10세기에는 바그다드, 카이로, 알레포 등지에 추모 의식을 거행하는 장소인 후세이니야Husseiniyya가 세워졌다. 그러나 아바시야 왕조는 시아파 세력이 점차 성장함에 따라 이를 경계하고 견제하기 시작했다.

수난극의 두 번째 뿌리는 963년 카르발라의 비극을 공개적으로 추모하는 거리 행진을 처음으로 허가한 사건이었다. 바그다드 역사가 이븐 알 자우지Ibn al-Jawzi는 963년 당시 상황을 다음과 같이 기록했다. "무하람 10일, 바그다드의 상점들은 문을 닫았고 모든 일은 중단되었다. 도살자들은 도축을 중지했고 요리사들은 요리를 하지 않았다. 사람들은 끊임없이 물 한 모금을 요청했다. 펠트로 장식된 텐트들이 시장에 쳐졌고 여성들은 시장 골목 곳곳에서 자신의 머리카락을 느슨하게 늘어뜨린 채 얼굴을 찰싹 치면서 돌아다녔다. 후세인의 순교에 대한 애도를 어디에서나 들을 수 있었다." 이 자료는 아슈라 행렬에 대한 기록 가운데 가장 오래된 것이다. 시아파는 분명 이 이전부터 아슈라 행사를 기념해왔을 테지만 963년 처음으로 공식 승인하에 행사가 진행되었다. 그 시기에 이란의 부예 왕조(932~1062)는 아바시야 왕조를 실질적으로 통치했다. 부예 왕조는 945년 바그다드를 공격해 점령했고 이후 아바시야 왕조의 칼리프는 어떠한 권한도 행사할 수 없는 형식적인 존재로 전락하고 말았다. 부예 왕조의 아흐마드는 칼리프로부터 무이즈 알 다울라Muizz al-Dawla(국가부강자)라는 칭호를 수여받았다. 부예 왕조는 이란에서 탄생한 최초의 시아파 국가였지만 공식적으로는 아바시야 왕조의 권위를 인정하면서 자신의 영향력을 행사했다.

3대 이맘 후세인의 수난과 죽음을 다룬 종교극

이슬람력의 첫 번째 달인 무하람Muharram이 되면 전 세계의 시아파는 첫 열흘 동안 680년 카르발라에서 우마이야 왕조의 군대에 의해 살해당한 시아파의 제3대 이맘 후세인을 추모하는 행사인 아슈라 의례를 벌인다. 시아파는 1400여 년 전에 죽은 사람을 마치 어제 죽은 사람과 같이 애도하면서 눈물을 흘리고 몸을 치며, 심지어는 슬픔을 드러내기 위해 칼이나 쇠채찍 등으로 몸을 자해하거나 피를 내기도 한다.

다른 사람들이 보기에 이러한 의례는 이해하기 어렵다. 역사적 인물의 죽음을 현재의 일처럼 여기며 스스로의 몸에 상처를 내면서까지 후세인의 죽음을 추모하는 것은 비이성적인 행위이자 광신적인 행위로 비춰지곤 한다. 그러나 종교학자인 미르체아 엘리아데Mircea Eliade는 인간은 본질적으로 자신의 존재 이유와 살아가는 삶의 의미를 찾고 끝이 존재하는 속세를 초월한 절대적 진리를 추구하는 "종교적 인간homo relisiosus"이라고 규정한다. 엘리아데는 종교적 동물인 인간은 영속적이고 불변하는 숭고한 진리, 의미, 즉 자신이 "성스러움the numinous"이라고 규정한 것을 깊이 열망한다고 주장한다. 종교적 인간에게 의례는 단순한 종교 행사의 의미를 뛰어넘는다. 인간은 의례를 통해 성스러움과 신화적 사건을 현재에 재현함으로써 자기 자신과 삶에 대한 의미를 부여한다. 이런 관점에서 본다면 공동체마다 성스러운 것이 무엇인지, 의미를 지닌 신화적 사건이 무엇인지에 대한 관념은 다르겠지만, 의례를 수행하는 당사자와 공동체는 의례와 그 수행에서 이성만으로는 평가될 수 없는 의미를 찾는다.

이란 카즈빈에 있는 이맘자데 후세인의 모스크. 이맘자데는 '이맘의 후손'이라는 뜻이다.

한편 사회 내에서 각 구성체가 지니는 기능에 관심을 두는 기능주의 입장에서는 사회 구성체가 각각 지니는 역할과 기능, 그리고 각 구성체 사이의 상호 영향 관계에 집중한다. 이러한 입장에서는 의례 역시 사회 구성체의 하나로 간주한다. 사회를 구성하고 있는 구성체들은 서로 분리된 것이 아니라 상호적으로 영향을 주고받으며, 따라서 하나의 구성체의 변화는 다른 구성체에도 영향을 끼친다. 이처럼 의례는 한 공동체 내에서 다양한 의미와 기능을 지니며, 항구적인 것이 아니라 공동체가 처한 환경의 변화에 따라 변화한다.

아랍어 '타지예'는 사실상 '조의를 표하다'라는 뜻으로 아슈라 의식 전부를 의미한다. 타지예라는 용어는 이란에서는 카르발라의 비극을 담은 수난극을 뜻하는 말로 발전했다. 반면 인도에서는 행렬할 때 쓰이는 관이라는 의미로 쓰인다. 아슈라 애도 의식은 10세기경 바그다드와 사파비

이란 카즈빈에 있는 이맘자데 후세인의 무덤.

왕조 시기(1501~1722)에도 시행되었다고 하는데 확실한 증거자료는 없
다. 분명한 사실은 이란에서는 타지예가 18세기에 등장했다는 것이다.
1810년부터 1816년까지 인도에서 콘스탄티노플까지를 여행한 영국인
제임스 모리어James Morier는 타지예의 세부적인 내용을 처음으로 서술한
유럽인이다. "후세인의 비극적인 삶은 메디나에서 시작된 투쟁부터 카르
발라 평원의 죽음까지 드라마의 형태로 구성되며, 애도하는 장면은 배우
들이 연기한다. 거리와 개방된 공간에는 타키에takieh라 불리는 거대한 텐
트를 세우고 그곳을 애도를 위한 상징적인 물건들로 채운다. … 무하람
여덟째 날 밤 타키에에 초대받았다. 우리는 방에 들어가면서 검은색 복
장을 하고 우울한 표정으로 앉아 있는 사람들을 발견했다. 성직자가 명
상하는 동안 수많은 사람들은 텐트 밑의 큰 의자에서 속죄의 시간을 가

졌다. 모든 장소는 양초로 밝혀져 있었다. 성직자는 후세인을 추모하고 그의 평온을 빌면서 울며 애도했다. 그 어떤 것도 그날보다 고통스러울 수 없고 그 어떤 것도 사람들과 공유할 수 없다며 비통함을 표시했다. 그리고 성직자는 구호를 외치면서 후세인이 순교 당하던 비극적인 날을 이야기했다. 그 이야기는 곧 청중에게 큰 영향을 주었다. 그가 큰 목소리로 외치자 모두들 따라했다. 구호를 외치는 이 의식은 거의 한 시간이나 지속되었다. 이 의식이 끝나자 분장한 배우들이 모습을 드러냈다. 모든 비극적인 부분에서 많은 청중이 우는 것을 목격했다. 그리고 나는 그들의 진실한 눈물을 지켜본 목격자가 되었다."

10일간의 무하람은 제3대 이맘 후세인과 추종자들이 우마이야 왕조의 군대에 의해 카르발라에 갇혔을 때를 추모하는 의식이다. 10일 동안 각각 다른 수난극이 선보인다. 1일에서 3일까지는 후세인이 카르발라평원에 도착해 우마이야 왕조의 칼리프인 야지드의 대표들과 협상하는 장면을 보여주는 의식이다. 4일부터는 애도식이 거행된다. 우마이야 왕조의 기병대 지휘관이던 알 타미미at-Tamimi는 시아파 수난극에서 '후회하는 도둑' 역할이다. 그는 자신의 죄를 후회하고 후세인 편으로 이동해 이맘의 죽음을 지키는 역할을 맡는다. 5일에는 후세인의 여동생 자이납의 어린 아들 무함마드의 죽음에 대해 애도한다. 6일에는 18살인 후세인의 큰 아들 알리 알 아크바르Ali al-Akbar의 죽음을 애도하는 의식을 치르는데, 그는 아버지와 함께 싸우다가 결국 아버지의 품 안에서 사망한 인물이다. 이날은 종종 후세인의 가장 어린 아들 알리 알 아스가르Ali al-Asghar를 추모하기도 한다. 그 아기는 목에 화살이 관통해 죽었는데 그를 기리기 위해 유모차가 동반되기도 한다. 7일에는 알 카심 이븐 알 하산al-Qasim ibn al-Hasan을 추모한다. 그는 삼촌의 딸과 결혼한 날 자살한 불행한 신랑이다. 8일은 알 아바스al-Abbas를 기리는 날인데, 그는 굶주린 순교자들을 위해 유프라테스강에서 물을 끌어들이다가 팔이 잘려 죽은 후세인의 이복형제이다. 9일과 10일은 후세인을 추모하는 날이다.

가슴을 때리는 사람들과 자신을 채찍질하는 사람들

아슈라 의례가 다른 의례와 또 다른 점은 가슴을 때리거나 칼 또는 쇠사슬로 자신의 몸을 때리는 고행 행위를 한다는 것이다. 이슬람세계에서는 사람이 죽었을 때 유족들이 슬픔을 보여주기 위해 얼굴이나 몸을 때리는 것이 일반적인 관습이다. 그런 측면에서 후세인을 추모하기 위한 행렬의 참가자들이 자신의 몸이나 얼굴을 때리는 것은 크게 이상하지 않다. 그러나 칼이나 쇠사슬을 이용해 고행을 하면서 자신의 애도를 드러내는 것은 일반적인 이슬람 관습이라고 보기 어렵다.

사파비 왕조 시기의 아슈라 의례에 대한 견문록 가운데 고행 의례에 대해 처음 기록을 남긴 사람은 오스만 제국 출신의 여행자인 에블리야 첼레비Evliya Chelebi로, 그는 1640년 이란의 북부 도시 타브리즈를 방문해 다음과 같은 기록을 남겼다. "수백 명의 남자가 칼을 들고 서로 엉킨 채 팔과 가슴에 상처를 내기 시작했다. 그들은 이맘 후세인이 흘린 피를 오늘날 기억하기 위해 자신들의 피를 뿌리고자 했다. 그들은 자신들의 몸에 깊은 상처를 냈고 피가 땅을 적셔 마치 튤립 꽃이 핀 듯했다. 수천 명이 자신들의 얼굴, 팔, 가슴에 후세인과 하산의 이름을 새겼다."

또한 프랑스 외교관이자 작가인 아르튀르 드 고비노Arthur de Gobineau 백작은 『중앙아시아의 종교와 철학』(1865)이라는 책에서 가슴 때리는 의식에 관해 다음과 같이 묘사했다. "무하람 10일 동안 모든 국가는 상복을 입고 있다. 왕, 성직자, 공무원들은 모두 회색이나 검은 색 옷을 입고 있다. 거의 모든 다른 사람도 마찬가지이다. 하지만 대중은 이런 흔한 상복에 만족하지 못한다. 페르시아의 셔츠는 가슴 중앙에 단추가 달린 유럽과 아랍의 셔츠 스타일과 달리 오른쪽에서 단추를 채울 수 있게 되어 있다. 그들은 피부를 드러내기 위해 셔츠를 연다. 이것은 그들의 격한 슬픔을 나타내기 위한 상징이다. 이 시기에는 노새 운전자들, 군인들, 머리에 모자를 쓰고 옆에는 단도를 두른 시종들이 셔츠를 열고 가슴을 드러내고 다니는 것을 볼 수 있다. 그들은 우묵한 모양으로 손을 구부렸고 왼쪽 어깨 아래를 맹렬하게 두드렸다. 이 소리는 먼 곳에서도 들을 수 있으며 집단적으로 박자를 맞추면 매우 인상 깊은 둔탁한 소리를 낸다. 이 소리는 타지예의 의무적인 간주곡이다. 때때로 그 일격은 아주 강렬해서 공간을 압도하는 장엄함을 보여주고 리듬을 매우 느리고 치명적이게 느껴지도록 한다. 때때로 아슈라 의식에 참여하는 사람들은 매우 빠른 속도로 청중을 흥분시킨다. 조직의 리더가 신호를 내리면 모든 구성원은 구호를 외치면서 자신을 때리며 뛰어다닌다. 길거나 짧은 간극 사이에서 그들은 '하산! 후세인! 하산! 후세인!'이라고 짧고 강렬한 톤으로 소리를 지른다."

가슴 때리기는 무하람의 가장 대표적인 의식이자 모든 구성원이 따라할 수 있는 방식이다. 일반적으로 오른손을 사용하는 한 손 방법과 두 손을 함께 사용하는 방법이 있다. 페르시아 방법으로 알려진 후자는 교대로 두 팔을 머리 위로 올리고 가슴에 내리쳐 회개하는 동작을 반복한다. 제1차 세계대전이 끝날 무렵 바그다드에 주둔하던 영국군 치안판사 토머스 라이엘Thomas Lyell은 "사막의 적막한 밤에는 나자프에서 들려오는 가슴을 때리는 둔탁한 소리를 3마일 밖에서도 들을 수 있다"라고 말했다.

한편 고비노는 페르시아인들이 나일 계곡 서쪽 북아프리카 민족인 베

레바논 베이루트의 시아파 거주 지역. 시아파를 상징하는 제1대 이맘 알리와 제3대 이맘 후세인의 초상화가 그려진 깃발이 나부끼고 있다.

르베르인의 특성을 가지고 있다면서 다음과 같이 묘사한다. "그들은 손에 쇠사슬과 뾰족한 바늘을 갖고 있다. 그들 중 몇몇은 양손에 나무로 만든 원반을 들고 있다. 그들은 타키예의 행렬을 통과하면서 오직 두 명의 이름으로 이루어진 호칭 기도를 크게 외친다. 원반을 가지고 있는 사람들은 시간에 맞추어 그 원반을 치고 모든 사람은 춤추기 시작한다. 관중은 가슴을 치면서 합류한다. 얼마 지나지 않아 베르베르인들은 조심스럽고 가볍게 사슬로 스스로를 채찍질한다. 그러고 나서는 흥분해서 더 세게 채찍질한다. 바늘을 갖고 다니는 사람들은 자신의 팔과 볼을 찌르기 시작한다. 피가 흐르면 관중은 격분하고 흐느끼기 시작한다. 지도자는 흥분이 격해져 통제를 잃은 것 같은 사람들은 자제시키고 의식을 약하게 수행하는 사람들에게는 박차를 가하도록 독려한다. 그러다 발광하는 사람이 생기면 갑자기 음악을 중지시키고 전체 행사를 중단한다. 이러한 광경에 시선을 빼앗기지 않기는 쉽지 않다. 관객은 동정, 연민, 그리고 두려움을 동시에 느낀다. 춤이 끝나면 당신은 베르베르인들이 자신의 팔을 사슬에 묶인 채로 어떻게 들어 올리는지 볼 수 있다. 그들은 하늘을 고압적이고 당당하게 쳐다보며 깊은 목소리로 '아, 알라'라고 부르짖는다."

고비노는 이 고통스러운 의식이 철저하게 준비된다고 기록했다. 특히 어린 소년들이 참여했을 때에는 심각한 상처를 입지 않도록 주의를 기울이며 주변에는 의료진을 대기시켜두었다. 이 열정적인 의식이 외국인 관광객에게 위험하다는 지적은 잘못된 정보이다. 외국인, 심지어 무슬림이 아닌 사람도 이 의식에 참여할 수 있으며 시아파는 일반적으로 그들을 따뜻하게 맞이한다. 다만 이 의식에 여성의 참여는 사실상 금지되어 있다.

이슬람 법학자들도 자신을 채찍질하지 않는다. 이슬람법에 따르면 스스로를 피로 더럽히는 것은 자신을 불결하게 만드는 것이기 때문에 몇몇 이슬람 법학자들은 이러한 종교의식은 이슬람법을 왜곡하는 것이라고 보고 있다. 그럼에도 불구하고 시아파에서는 이 의식이 지속되고 있다. 회개를 위한 시아파의 열정은 불가분하게 자책 의식과 연결되어 있다. 죄가 큰 시아파는 죽을 가치가 있는 것처럼 보이며 오직 죽음으로써 속죄할 수 있다. 채찍질은 자기희생을 의식화하는 역할을 한다. 그 신념을 믿는 사람들은 기꺼이 피를 흘릴 뿐만 아니라 자신들의 목숨을 바치기도 한다. 이를 통해 시아파는 일정 정도의 죄가 속죄되고 또 한 해를 살 수 있게 되는 것이다.

4

시아파 이론의 성장 과정

〖10~11세기: 시아파의 정치 참여〗

이라크와 이란 서부의 시아파는 바그다드의 수니파 칼리프에 대해 반대했기 때문에 모든 형태의 규범을 거부하고 숨은 이맘의 빠른 재림을 조용히 기다리며 살았다. 이러한 상황은 10세기 아바시야 왕조의 칼리프 체제가 위기 상황에 직면하면서 크게 바뀌었고 이 시기부터 시아파의 지도자들은 세속 권력과의 관계를 재조명하게 되었다.

10세기는 시아파의 시대라고 볼 수 있다. 카스피해 남쪽 다일람 지역에서 활동하던 시아파 부예 가문은 이란 지역을 장악하면서 완전한 공국公國을 만들었다. 장남 알리는 파르스 지역, 차남 하산은 하마단 지역, 막내 아흐마드는 케르만과 후지스탄 지역을 통치했고 945년 바그다드까지 점령했다. 부예 왕조는 시아파를 합법화시키기 위해 수니파 칼리프의 권위에 도전하지는 않았다. 하지만 그들은 시아파 공동체를 보호했고 시아파의 성지 카르발라와 나자프를 관리하는 책임을 맡았다. 또한 아바시야 왕조는 시아파가 우세했던 바그다드의 교외 지역에서 시아파 축제가 거행될 수 있도록 허락했다. 시아파의 전통에 따르면 이 축제에는 무함마드가 알리를 후계자로 인정하는 홈 연못 축제와 카르발라 비극에 대한 추모행사가 포함되어야 했다. 그런데 아슈라 의식에서는 수니파를 살인자로 비난하는 모욕적인 발언들이 언급되었고 이에 분노한 수니파는 시아파를 공격했다. 973년에는 시아파가 대규모 폭동을 일으켰는데 그 결과 아바시야 왕조는 시아파 행렬을 금지했다. 1051년에는 수니파가 제7대 이맘과 제8대 이맘의 무덤인 알 카지마인을 파괴하는 사건까지 벌어졌다.

하지만 부예 왕조의 보호 아래 시아파의 영향력은 점차 확대되어 시아파는 아바시야 왕조의 주요 관직에 임명되었다. 제7대 이맘의 후손인 샤리프 알 타히르 알 무사비at-Tahir al-Musavi는 이라크에서 메카 순례자들을 책임지는 공식 지휘관으로 임명되었다. 이와 동시에 그는 샤리프 후손들을 대표하는 역할도 담당해 그 후손들을 관리하고 수입을 분배하는 임무를 수행했다. 그의 아들 샤리프 알 무르타다al-Murtada(1044년 사망)는 이러한 역할을 계승받았다. 알 무르타다는 법정에 수시로 출석한 시아파 법학자로 높이 인정받았고 「정부 참여의 문제」라는 소책자를 출판해 자신의 행위를 정당화시키기 위해 노력했다. 그는 시아파를 보호하기 위해 숨은 이맘의 비밀 신탁자로서 자신의 의무를 수행한다고 강조했다. 그는 제6대 이맘 자파르의 격언을 인용하곤 했다. "정부에 참여한 데 대해 속죄하는 길은 시아파 형제들의 필요를 충족시키는 것이다." 정치 참여는 시아파를 위한 희생이라고 정당화시킨 것이다.

부예 왕조 시대는 '교부의 시기'였다. 열두 이맘파의 이론과 법학은 10세기와 11세기에 형성되었다. 예언자와 이맘들의 언행을 수집한 가장 오

래된 시아파의 모음집은『알 카피al-Kafi』이다. 알 카피는 총 4권으로 구성
되어 있는데, 1권은 시아파 최고지도자, 2권은 신앙과 불신, 3권은 의식
의 순결, 매장, 예배 및 자카트, 4권은 단식과 성지순례를 다루고 있다.
이 책의 저자는 이란 콤 출신의 알 쿨라이니al-Kulayni(940년 또는 941년 사
망)이다. 이 책은 최초로 수집된 이맘들의 모음집으로, 시아파 이론체계
의 기초자료가 되었다. 이 책에서 시아파는 수니파의 합의 개념, 즉 이즈
마ijma 대신 이성, 즉 아클aql을 강조했다. 수니파는 합의를 신성함에 대한
믿음이라고 주장하면서 "이슬람공동체는 잘못된 결정에 동의하지 않는
다"라는 예언자 무함마드의 말을 인용했다. 한편 시아파는 오도된 '대중
의 의견'에 얽매이거나 위협받지 않기 위해 법체계에서 합의를 제한적으
로 허용하고 있다. 수니파는 합의를 '권력자'의 합의, 더 나아가 일반적인
공동체의 합의로 규정하고 있는 반면, 시아파는 '무과실과 무결성을 보
유한 자', 즉 이맘의 견해가 포함될 때만 의견 수렴의 정당성을 인정했다.
따라서 시아파는 계시와 이성은 상호 배타적이지 않고 오히려 필연적으
로 연결되어 있다고 주장했다. 이 모음집을 바탕으로 수많은 시아파 학
자들이 시아파의 법학과 신학이론을 발전시켜나갔다. 부에 왕조 시기에
는 바그다드와 콤이 사실상 시아파 지식의 중심지였다.

또한 이집트에서는 시아파 왕조가 수립되었다. 파티마 왕조는 시아파
의 한 분파인 이스마일파 왕조이다. 이스마일파 지도자 가운데 한 명이
던 사이드 이븐 후세인은 이스마일의 후손임을 주장하면서 909년 무함
마드의 딸이자 알리의 부인인 파티마의 이름을 내세워 왕조를 수립했다.
파티마 왕조는 963년 이집트를 정복한 뒤 요새 도시 알 카히라를 세웠
다. 알 카히라는 아랍어로 '승리자'라는 의미이고 오늘날 이집트의 수도
카이로로 알려지게 되었다. 파티마 왕조는 북아프리카 전역을 통일하면

시아파를 상징하는 다섯 손가락. 다섯 손가락은 예언자 무함마드, 파티마, 알리, 하산, 후세인을 의미한다.

서 이슬람세계의 서부 지역을 통치했다. 그들은 아바시야 왕조의 칼리프를 인정하지 않고 자신들이 이슬람공동체의 합법적인 지도자라고 주장했다.

1094년 파티마 왕조에서는 군사 쿠데타가 발생해 무스탈리파와 니자리파로 분리되었다. 무스탈리파가 권력을 장악하자 니자리파는 이란 북부 알라무트에 새로운 요새를 세웠다. 알라무트는 카즈빈에서 100km가량 떨어져 있는 곳으로 험난한 산악지대인 바위산에 위치한 '독수리 요새'로 알려져 있다. 마르코 폴로는 『동방견문론』에서 11세기에 산장에 살던 이스마일파의 하산 이븐 알 사바Hasan Ibn al-Sabah라는 노인이 다른 모든 교파를 적으로 삼아 '더 많이, 더 잔인하게 암살하는 것이 신의 뜻'이라는 교리를 내세웠다고 한다. 그는 이스마일파가 인도산 대마잎으로 만든 마취제 하시시를 청년들에게 먹여 자객으로 활용했다고 소개했다. 『동방견문론』에는 산장 노인의 낙원에 대해 다음과 같이 소개했다. "노인은 암살자들에게 비밀스러운 음료를 마시게 해서 잠들게 한다. 그들은 이국적인 정원에서 눈을 뜨고 아름다운 여인에게 둘러싸여 몇 날 동안 완벽하게 즐길 수 있게 된다."

암살자를 뜻하는 영어 단어 어새신assassin은 하시시라는 단어에서 유래했다. 이를 두고 이스마일파를 암살단파라고 부르기도 한다. 그들이 대마초를 복용했는지 여부는 확실하지 않지만 정치적 살인을 감행했다는 것은 확실하다. 그들에게 암살은 일종의 종교적 행동이었고 단검을 사용해 고위직 인사를 살해한 후 도피하지도 않았다고 한다. 최초의 희생자는 셀주크 왕조의 유명한 재상 니잠 알 물크Nizam al-Mulk(1092년 사망)였다. 니잠 알 물크는 술탄 알프 아르슬란Alp Arslan(1063~1072년 재임)과 그의 아들 말리크 샤Malki Shah(1072~1092년 재임)하에서 약 30년간 재상으로 재임했다. 그는 이슬람세계가 배출한 가장 위대한 재상으로 알려져 있다.

〖13~14세기: 알 힐라 학파의 출현〗

11세기 부예 왕조가 몰락하고 투르크인과 몽골인이 이란을 점령하면서 새로운 정치상황이 전개되었다. 투르크계 유목민족이 세운 셀주크 왕조는 부예 왕조와의 전쟁에서 승리하면서 이란 중부와 이란 서부를 장악했고 1055년에는 바그다드를 함락시켜 부예 왕조가 110년간에 걸쳐 아바시야 왕조의 칼리프를 후견하던 상황을 종식시켰다. 셀주크 왕조는 열성적인 수니파라서 이 시기 시아파는 더 이상 중앙정부의 지원을 받지 못하게 되었고 이로 인해 그 영향력이 점차 약화되었다. 그러나 이라크와 이란 서부의 도시에서는 시아파의 영향력이 지속되었다. 이러한 상황은

13세기 들어 몽골인이 침입한 이후 커다란 변화를 맞이하게 되었다. 칭기즈칸 시대부터 내려오던 몽골의 대외 침략은 바그다드 칼리프 통치체제의 종말을 가져왔다. 1258년 칭기즈칸의 손자 훌라구는 바그다드를 점령하고 아바시야 왕조의 칼리프 알 무스타심을 죽였다. 이 시기 몽골인들은 시아파의 근거지를 황폐화시켰다. 몽골인들은 1224년 시아파의 중심지 콤을 파괴했고 이로 인해 이 도시는 14세기 내내 폐허로 남아 있었다. 아바시야 왕조의 수도 바그다드도 1258년 이후 대량 학살과 방화로 인해 하나의 지방 도시로 전락하고 말았다. 이에 따라 유프라테스강 지류에 있던 작은 마을 알 힐라가 시아파의 새로운 중심지로 등장하게 되었다. 알 힐라 거주민들은 부예 왕조 시대부터 시아파를 받아들였고 13세기와 14세기 시아파의 이론적 토대를 구축한 알 힐라 학파를 만들었다.

알 힐라 학파의 가장 영향력 있는 사상가는 알 하산 이븐 유수프 이븐 알리 이븐 알 무타하르al-Hasan ibn Yusuf ibn Ali ibn al-Mutahhar이다. 그는 시아파에서 알 알라마 알 힐리al-Allama al-Hilli라고 알려져 있고 아야톨라Ayatollah(신의 징표)라는 칭호를 받은 최초의 시아파 신학자이다. 알 알라마는 1250년 알 힐라에서 태어났고 타브리즈에서 활동했으며 일한 왕조(1256~1353)의 제8대 칸인 울제이투Oljeitu(1304~1316년 재위)의 신임을 얻었다. 울제이투는 알 알라마의 영향을 받아 시아파로 개종했고 이후 시아파를 국교로 선포했다. 알 알라마는 1325년 사망했는데 그의 무덤은 마샤드에 위치한 제8대 이맘의 무덤 부근에 있다.

알 알라마의 가장 중요한 이론적 업적은 이성적인 사고에 기초한 이즈티하드ijtihad(개인의 독자적 해석) 원리를 발전시킨 것이다. 이즈티하드는 오늘날 이란에서 행해지는 물라Mullah(종교학자나 성직자에 붙여주는 칭호)

이란 시라즈에 위치한 이맘자데 세예드인 타즈 알 딘 가립의 무덤. 시아파에서는 이맘과 이맘의 후손의 무덤을 찾아가서 소원을 비는 전통이 있다.

통치의 기본 원리이다. 모든 이론적 사고의 출발점은 종교적·법률적 질문에 대해 어떻게 대답하는가 하는 것이다. 시아파에서는 '무오류의 14인'(무함마드와 그의 딸 파티마, 그리고 열두 이맘)을 강조한다. 그중 13명은 죽었고 1명은 숨어 있어 접근이 불가능하다. 모든 사람은 오류를 범할 수 있어 '무오류의 14인' 외에는 그 누구도 무결함을 주장할 수 없다. 그렇다면 해결할 수 없는 문제가 제기될 때에는 어떻게 해야 할까? 신은 인간에게 자유의지를 주었고 이것이 인간의 존재 이유이다. 만약 전통, 즉 나클naql로 해결할 수 없으면 누군가는 이성, 즉 아클aql로 도와야 한다. 그러나 모든 인간의 결정은 결함이 있을 수 있고 언제나 수정할 수 있다. 이것이 시아파의 기본 원리이다.

알 알라마는 『원칙에 대한 지식을 얻는 출발점』이라는 책을 썼다. 그는 이 책에서 먼저 필요한 교육, 지식 및 능력을 갖춘 학자를 언급했다. 가장 중요한 것은 학자가 오랜 수행을 통해 이즈티하드를 수행할 능력까지 완전히 습득해야 한다는 것이다. 이것은 이즈티하드를 수행할 능력이 영감, 계시, 또는 신성한 안수식에서 얻어지는 것이 아니라 학문을 통해 만들어진다는 것을 의미한다. 이즈티하드는 자격을 지닌 소수의 무즈타히드mujtahid(이즈티하드를 내릴 수 있는 신학자)만이 할 수 있다. 무즈타히드는 추종자들에게 독자적인 결정을 내릴 수 있는 권한을 위임받았고 추종자들은 그에 대해 타클리드taqlid(모방)를 이행해야 한다. 하지만 무즈타히드는 무결하지 않기 때문에 실수를 범할 수 있다. 알 알라마는 이 책에서 "때때로 이즈티하드는 목표를 달성하기도 하지만, 그러지 못하기도 한다"라고 썼다. 만약 두 명의 무즈타히드가 서로 다른 견해를 제시하면 추종자들은 어떤 의견을 따를 것인지 선택할 수 있다. 또한 알 알라마는 살아 있는 무즈타히드의 의견을 따라야 한다고 지적하면서 "죽은 사람에게는 권한이 없다"라고 썼다. 이즈티하드의 실천은 시아파 신학을 현실 문제에 융통성 있게 적응할 수 있는 가능성을 높여주었다.

▌16세기: 시아파 성직자의 등장 ▌

종교지도자 이스마일Ismail Abul Mozaffar bin Sheikh Haydar bin Sheikh Junayd Safavi (1501~1524년 재위)은 1501년 타브리즈에서 투르크계 투르크만족의 지지를 바탕으로 사파비 왕조(1501~1722)를 수립했다. 사파비 가문은 셰이크 사피 알 딘Sheikh Safi al-Din(1344년 사망)이 수피 종단을 세워 명성을 얻었고 그의 후손들이 사파비예 종단을 설립한 데서 출발했다. 그들은 초기에는 이란 거주민들로부터 널리 추종을 받았으며 11세기 이후에는 중앙아시아에서 아제르바이잔과 아나톨리아까지 진출한 투르크족의 지지를 받았다.

칭기즈칸의 후손을 자처했던 티무르Timur는 1380년 이란을 침공했고 북인도, 서역, 소아시아에 이르는 티무르 왕조(1370~1506)를 건설했다. 15세기 중반부터 티무르 왕조가 쇠퇴하자 이란의 서부 지역에서는 투르크계의 투르크만족이 지배하게 되었다. 흑양 왕조(1380~1468)와 백양 왕조(1378~1508)는 몽골족에 반대하면서 경쟁관계를 형성했다. 1407년 티무르가 사망하자 흑양 왕조는 아제르바이잔을 차지했고 백양 왕조는 티무르 왕조와 동맹관계를 맺으면서 호라산 서부 지역 디야르바크르까지 진출했다. 사파비예 종단은 시아파를 표방하면서 대중적인 지지 기반이 확산되었다. 사파비예 종단 추종자들은 붉은 터번을 열두 번 머리에 감았는데, 이는 제12대 이맘에 대한 경의의 표시였다. 따라서 그들을 키질바시Qizilbash(붉은 머리)라고 부르기도 했다. 이에 위기의식을 느낀 백양 왕조는 사파비예 종단을 탄압하기 시작했다. 사파비예 종단의 지도자 이스마일은 자신의 추종자들을 이끌고 길란으로 이주했다.

백양 왕조가 내분으로 쇠퇴하자 사파비예 종단은 1499년 군대를 이끌고 아르다빌을 점령했다. 1501년 6월에는 타브리즈를 점령해 수도를 삼았고 그해 가을 이란 황제의 칭호인 샤안샤Shah an Shah를 선언하면서 사파비 왕조를 세웠다. 이스마일은 샤한샤Shahanshah(왕 중의 왕)라는 페르시아의 직위를 자신에게 부여하면서 왕좌에 앉았고 곧이어 시아파를 국교로 선포했다. 당시에는 이란 북서부의 대도시를 제외하고는 대부분 수니파가 주류였다. 이스마일과 그의 후계자들은 시아파의 지지 기반을 확대하기 위해 이라크와 레바논 남부에 있는 시아파 신학자들을 이란으로 초청했다.

사파비 왕조에서 가장 중요했던 시아파 신학자는 레바논 베카계곡에서 온 알 카라키al-Karaki였다. 그는 1504년 이후 나자프에 있는 제1대 이맘 알리의 무덤 부근에서 살았고 이스마일의 요청으로 이란을 방문했으며 타흐마스프Tahmasp(1524~1576년 재위) 시대에 이란으로 이주해 영구 거주했다. 사파비 왕조는 알 카라키가 시아파를 전파할 특별한 권위를 가졌다고 여겼고 심지어 '숨은 이맘의 대표자'라고까지 불렀다. 알 카라키는 이제까지 시아파에서 권위를 인정하지 않았던 세속적 통치자를 지지하는 내용을 담은 파트와fatwa(이슬람법에 따른 율법 명령)를 발표했다. 이는 사실상 숨은 이맘을 위해 유보되었던 세속 권력에 대해 합법성을 부여하는 것이었다. 알 카라키는 이슬람공동체를 위해 숨은 이맘의 대표자로서 세속적인 지도자를 인정했을 뿐만 아니라 왕에게 국가 전역에 걸쳐 금요예배 시아파 지도자를 임명시킬 수 있는 권한도 부여했다. 또한 그는 왕이 토지세를 징수하는 것을 정당화시켰는데, 이는 이슬람공동체의 합법적인 지도자 이맘의 특권이었다.

이란 전역에 시아파를 전파하기 위한 사파비 왕조의 정책은 성직자의 영향력을 확대시켰다. 하지만 사파비 왕조는 시아파 성직자들을 통제하기 위해 종교단체들의 독립성은 허용하지 않았다. 사파비 왕조는 사드르sadr라 불리는 시아파 지도자를 임명했고 각 지방의 모스크 금요예배 지도자를 비롯한 시아파 성직자를 파견해 국가의 감독권을 확보했다. 하지만 시아파 성직자들의 경제적인 독립성은 인정했다. 시아파 울라마Ulama(종교학자나 권위자로 인정된 자)는 시아파들로부터 아랍어로 '5분의 1'을 의미하는 종교세 홈스khums를 받고 있는데, 이는 오늘날 시아파에서만 시행되고 있다. 쿠란 제8장 41절에는 다음과 같이 언급되어 있다. "전쟁 중에 얻는 전리품 가운데 5분의 1은 신과 예언자와 친척들과 고아들과 불우한 자들과 여행 중인 자들의 것이거늘, 너희가 신을 믿고 두 부대가 만나 식별하는 날 신의 종에게 계시된 것을 믿을 때 이 전리품을 가질 수 있느니라. 신은 모든 것을 행하실 권능을 가지시노라." 수니파에서는 이 구절이 예언자 무함마드가 전쟁을 치르는 기간에만 적용된다고 해석하지만 시아파에서는 홈스를 '이맘의 재산'이라고 부르면서 오늘날까지 시행하고 있다. 또한 시아파는 많은 기부를 통해 종교재단을 운영하고 다양한 자선 활동을 실시했다. 와크프waqf는 모스크와 기타 자선을 목적으로 하는 공공시설을 재정적으로 유지하기 위한 재산으로, 최후 심판의 날까지 접근이 불가능하다. 이것은 양도될 수도 몰수될 수도 없다. 시아파로부터 받은 기부금은 나자프, 카르발라, 바그다드, 사말라, 마샤드에 있는 이맘들의 무덤을 만드는 데 사용되었을 뿐만 아니라 콤의 성지 등 다양한 종교재단의 영향력을 확대하는 데도 큰 역할을 했다. 가장 대표적인 와크프는 아바스 1세(1588~1629년 재임)의 기부였다. 아바스 1세는 1620년 초 아제르바이잔과 그루지아를 정복한 후 국유지를 제외한 자신의 모든 사유 재산을 '무오류의 14인'에게 기부했다.

사파비 왕조의 왕들은 스스로 제7대 이맘 무사 알 카짐의 후손임을 강조하면서 자신들이 이맘의 혈통이라고 주장했다. 이러한 주장은 훗날 사파비 가문이 쿠르드족 계열이었다는 사실이 알려지면서 조작된 것으로 밝혀졌다. 하지만 그 시기 이란 전역에서는 이 주장을 믿었다. 사파비 왕조의 왕들은 정교일치를 바탕으로 강력한 중앙집권제를 수립하려고 노력했다. 더 나아가 자신들이 이스마의 자질이나 이맘의 비범한 특성을 지니고 있다고 주장했다. 그전까지만 해도 시아파에서는 이맘만이 무과실과 무죄성의 자질을 지니고 있다고 믿고 있었다.

사파비 가문은 시아파 울라마의 지원으로 왕조를 수립했지만 이후 왕과 성직자 간에 긴장과 충돌이 나타났다. 왕은 2000년 동안 유지되어온 이란 군주제의 전통을 바탕으로 절대통치를 표방했다. 반면에 성직자는 숨겨진 통치권을 대표한다며 자신들의 정당성을 주장했다. 숨은 이맘은 언제나 왕권의 잠재적인 도전자였다. 이에 따라 성직자는 절대군주제에 대한 반대세력의 핵심으로 발전했다. 이것은 17세기 이후 이란에서 나타난 중요한 특징이었다. 1666년 이란에서는 대규모 충돌 사태가 발생했다. 이스파한 외곽 지역에 있는 모스크에서 물라 카셈Qasem은 와인을 마시는 왕은 신의 대리인이 될 수 없다고 공개적으로 비난했다. 그는 이슬람법의 근원으로부터 법적인 기준을 도출해낼 수 있는 자격을 지닌 존재는 무즈타히드뿐이라고 강조했다. 사파비 왕조의 후반기에는 왕과 성직자 간의 관계가 개선되기도 했다. 1694년 물라 무함마드 바키르 마즐레시Muhammad Baqir Majlesi는 술탄 후세인Sultan Hussein(1694~1722년 재위)의 대관식을 관장했다. 사파비 왕조의 대법관이던 그는 신비주의, 천년왕국설, 영지주의를 시아파 이론에서 제거시켜 왕의 세속 권력에 대한 합법성을 강화시키는 역할을 했다. 그는 군주의 내재적 권리를 인정했던 것이 아니라 숨은 이맘의 집단적 대표인 물라의 도구로 이러한 권한을 활용해야 한다고 주장했다. 이러한 해석하에 왕과 성직자는 각자의 이해를 관철시키기 위해 상호협력 체제를 유지하기도 했다.

〖17~18세기: 우슬리 학파와 아흐바리 학파의 교리 논쟁〗

사파비 왕조에서는 알 힐라 학파 이론이 광범위하게 확산되었다. 알라마

이란 시라즈에 있는 샤헤 체라그 모스크. 샤헤 체라그는 페르시아어로 '빛의 왕'이라는 뜻으로, 9세기경 아야톨라 다스트가입이 신비한 빛이 나는 무덤을 발견했는데 그곳에 제7대 이맘 무사의 아들 아흐마드를 암시하는 문구가 있었다는 데서 유래한 명칭이다.

알 힐리의 교리는 이즈티하드가 전문가로서 책임 있는 역할을 담당해야 한다고 강조했다. 이 이론은 시아파 이성주의를 표방하는 우슬리 학파로 발전했는데, 이 학파는 구속력 있는 원리에 근거한 추론을 실행할 것을 강조했다. 이 학파의 교리는 많은 논란의 대상이 되었다. 수니파뿐만 아니라 시아파의 신학자들도 신의 계시에 대한 문제에서 인간의 이성이 어느 정도 가능한지에 대해 지속적인 논쟁을 벌이고 있다. 그들은 쿠란 및 예언자와 이맘들의 언행록을 진리의 원천으로 간주했다. 쿠란 및 예언자와 이맘들의 언행록은 증인들과 목격자들에 의해 확인된 것이었다. 이에 따라 유일한 진리의 원천으로 인정된 전통적인 기록을 추종해야 한다는 아흐바리 학파가 등장했다. 아흐바리 학파는 시아파 전통주의를 표방했고 이 학파의 이론적 토대는 무함마드 아민 아스타라바디^{Muhammad Amin}

아흐바리 학파가 등장했다. 아흐바리 학파는 시아파 전통주의를 표방했고 이 학파의 이론적 토대는 무함마드 아민 아스타라바디Muhammad Amin Astarabadi(1624년 사망)에 의해 발전했다. 무함마드 아민 아스타라바디는 이즈티하드를 통해 법적인 판단을 내리는 울라마의 능력에 대해 이의를 제기했다. 또한 울라마가 숨은 이맘의 집단적 대표인지에 대해서도 질문했다. 아흐바리 학파는 무즈타히드의 독점적인 위치와 믿음에 대해 문제를 제기하면서 모든 추종자들이 전통적인 원천(쿠란 및 예언자와 이맘들의 언행록)을 직접 읽을 수 있기 때문에 무즈타히드의 해석과 판단 없이 독자적으로 판단할 수 있는 고유한 권리를 가지고 있다고 주장했다.

18세기 우슬리 학파는 이란 군주제의 지원을 바탕으로 아흐바리 학파와의 경쟁에서 압도적인 우위를 차지하게 되었다. 이로 인해 아흐바리 학파는 결국 주변 세력으로 남게 되었고 오늘날에는 이란의 외부 지역, 특히 이라크의 바스라와 바레인에 거주하고 있다. 우슬리 학파의 승리는 이란뿐만 아니라 이라크, 특히 나자프에서도 나타났다. 이라크에 있는 나자프, 카르발라, 바그다드 및 사말라는 시아파 이맘들의 무덤이 있는 곳으로, 현대 시아파의 역사에서 특별한 역할을 수행했다. 이곳들은 이란의 외부에 있기 때문에 시아파 울라마는 군주제와 직접적인 갈등과 마찰을 겪을 때마다 이곳을 피난처로 삼았다. 특히 오스만투르크 제국이 1638년 사파비 왕조로부터 이라크 지역을 빼앗은 이후에는 이들 지역이 이란 군주의 통제로부터 자유로워졌다. 수니파 오스만 제국은 이란의 왕에 대항하기 위해 이곳으로 이주하는 이란의 반대파를 환영했다.

이라크의 시아파들은 오스만 제국의 직접적인 영향력에서 벗어나 상대적으로 독립적인 활동을 유지했다. 18세기 카르발라와 나자프는 이란을 능가하는 시아파의 중심지가 되었다. 이란은 1722년 수니파 아프간

족의 침입으로 사파비 왕조가 붕괴되었고 이후 여러 왕조가 등장하는 혼란기가 지속되었다. 나디르 샤(1736~1747년 재임)는 1729년 아프간족을 이란에서 몰아내고 아프샤르 왕조(1736~1749)를 세웠다. 하지만 그가 암살된 이후 아프샤르 왕조는 분열되었고 카림 한^{Karim Khan}이 잔드 왕조(1750~1794)를 수립해 이란 남부와 이란 중부를 통치했다. 이 왕조도 카림 한이 사망한 이후 후계자를 둘러싸고 내란에 빠졌다. 이 시기 많은 이란의 성직자들이 이라크로 이주했다. 이스파한 출신의 무함마드 바키르 바히드 베흐비하니^{Muhammad Baqir Vahid Behbihani}(1705~1790)는 카르발라에서 가장 저명한 울라마였다. 그는 이즈티하드 개념을 통해 우슬리 학파의 입장을 강조했으며, 이즈티하드의 반대자들을 시아파의 적이자 불신자 ^{kafir}(카피르)라고 공개적으로 선언했다. 누군가를 불신자로 선언하는 것은 우슬리 학파를 위한 투쟁에서 무즈타히드의 강력한 무기가 되었다.

〖 19세기: 마르자에 타클리드 이론의 등장 〗

사파비 왕조(1501~1722)가 몰락한 이후 이란 사회는 약 1세기 동안 정치적인 혼란기가 나타났다. 당시는 종교적 무정부 상태이기도 했다. 이 시기 동안 지배적인 부족통치에 기반을 둔 아프샤르 왕조, 잔드 왕조 및 카자르 왕조 같은 다양한 왕조가 등장했다. 18세기 후반에는 북부 이란의 투르크만족 연맹이 이란 전역을 재통일시켜 카자르 왕조(1796~1925)가 탄생했다. 카자르 왕조의 창건자 아가 모함마드 한^{Agha Mohammad Khan}(1789~1797년 재위)은 1789년 카자르 왕조를 설립해 1796년 샤한샤로 공식 취임했고 왕조의 수도도 알보르즈산맥에 있는 테헤란으로 옮겼다. 카자르 왕조는 사파비 왕조와 달리 종교적인 합법성이 없었다. 카자르 왕조의 초기 두 명의 왕은 독실한 시아파가 되길 주장했다. 아가 모함마드 한은 아스타라바드(카스피해 남동부)에서 조상의 유적을 가지고 나와 나자프의 성지로 옮겼다. 또한 도금을 한 카르발라의 성지에 저택을 지었다. 제2대 왕 파트 알리 샤Fath Ali Sha(1797~1834년 재위)는 해마다 테헤란에서 콤까지 성지순례를 다녔다. 그는 콤 거주민들에게 세금을 감면해주었고 무덤과 모스크 옆에 신학교 페이지야Feyziyya를 세웠다. 페이지야는 이슬람혁명의 중심이 되었으며, 오늘날에는 이란 시아파의 정신적 지주이기도 하다.

카르발라의 성지는 1802년 급진적인 반시아 수니파에 의해 공격받았다. 18세기 중엽 아라비아반도에서 무함마드 이븐 압둘 와합Muhammad ibn Abd al-Wahhab(1703~1792)은 '원래의 이슬람으로 돌아가자'고 주장하면서 순수한 이슬람 또는 초기이슬람으로의 복귀 운동을 펼쳤다. 와하비 운동은 순수한 종교운동으로 시작되었지만 점차 사우드 가문의 군사적 지원을 바탕으로 정치운동으로 발전했다. 와하비즘은 쿠란을 문자 그대로 해석하고 종교적 의무를 철저히 지킬 것을 강요했다. 와하비파는 시아파의 이맘 숭배와 묘지 참배 관행을 우상숭배라고 비난하면서 이 행동에 관련된 무슬림들을 이단으로 규정했다. 와하비파는 1802년 4월 카르발라를 공격해 시아파 2000명을 학살했고 제3대 이맘 후세인의 성지를 파괴했다. 그들은 1803년에는 메카를, 1805년에는 메디나를 정복했다. 또한 그들은 메디나에 있는 알 바키 묘지에서 제2대 이맘 하산, 제4대 이맘 알리 자인 알 아비딘, 제5대 이맘 무함마드 알 바키르 및 제6대 이맘 자파르 알 사디크 등 4명의 이맘 무덤을 파괴했다. 와하비즘과 시아파의 대립은 이 지역의 패권을 둘러싼 사우디아라비아와 이란의 경쟁관계로 인해 오늘날까지 이어지고 있다.

카자르 왕조는 유목민의 후예였다. 카자르 왕조의 지도자들은 이란을 통일한 후 두 가지 문제에 직면했다. 하나는 관료주의적 행정기구를 건설하는 것이었고 또 다른 하나는 자신의 정통성을 확립하는 것이었다. 하지만 카자르 왕조의 지도자들은 부족적 배경을 지닌 탓에 부족 지도자에서 국가 지도자로 이미지를 변화시켜 정통성을 확립하는 데 실패했을 뿐만 아니라 부족적 통치양식을 탈피해 국가통치에 필요한 행정기구를 수립하는 데에도 많은 한계점을 보였다. 이러한 상황에서 우슬리 학파는 카자르 왕조의 교육과 사법 기능의 역할을 담당하면서 영향력을 강화했다. 카자르 왕조의 제2대 왕인 파트 알리 샤는 우슬리 학파와 연대해 자신의 정통성을 확립하고자 했다. 이 시기부터 카자르 왕조는 우슬리 학파를 지원하기 시작했다. 우슬리 학파는 상인과 소자본가 계급 사이에서 지지 기반을 확대하면서 점차 반대 학파를 제압했고 이란의 정통학파로 등장하게 되었다.

카자르 왕조는 종교적 권위를 가지고 있지 못했기 때문에 시아파 울라마와 협력관계를 유지했고 그들의 지지를 받기 위해 노력했다. 이 시기 왕과 성직자는 상호보완 관계를 유지했는데, 이는 이들이 지상에서 신성한 체제를 지속하기 위한 동일한 목표를 갖고 있었기 때문이다. 세예드 자파르 카슈피Seyyed Jafar Kashfi(1850년 사망)는 다음과 같은 이론을 공식화했다. "정신적이고 세속적인 지도력을 유일하게 통합한 숨은 이맘의 대표는 그의 은폐기에 나누어진다. 군주의 세속적 무기는 법질서와 안보에 책임이 있고 울라마는 정신적인 보호자 역할을 담당한다. 그들은 모든 정부 행위의 합법성을 확인하며 공개된 신의 질서가 유지되도록 감시한다."

19세기 우슬리 학파는 이란과 이라크에서 광범위한 지지를 얻었다. 우슬리 학파는 자격 있는 무즈타히드의 역할을 강조하는 이론을 발전시켰고 이는 점차 수많은 무즈타히드 가운데 가장 뛰어난 무즈타히드를 추종해야 한다는 논쟁으로 발전했다. '모방의 원천'이라는 의미를 지닌 마르자에 타클리드Marja-e Taqlid는 예언자와 이맘들의 의지를 가장 올바르게 체현하는 무즈타히드를 존경하고 추종하는 사람들을 가리키는 용어로서, 가장 높은 최고 성직자를 일컫는다. 이즈티하드와 타클리드의 개념은 시아파 사상에서 가장 중요한 위치를 차지한다. 마르자에 타클리드가 되기 위한 가장 중요한 자격조건은 학식으로, 동시대에서 가장 학식이 높아야 한다. 마르자에 타클리드의 지위는 임명, 선발, 또는 선거를 통해 얻어지는 것이 아니다. 마르자에 타클리드의 권위는 시아파 공동체에서 모든 신자의 인정을 받는 무즈타히드를 통해서만 부여된다.

열두 이맘파의 첫 번째 마르자에 타클리드로 인정된 무즈타히드는 모르타자 안사리Mortaza Ansari(1864년 사망)였다. 후지스탄 출신인 그는 오랜 세월 이란에서 거주하다가 1833년 나자프로 이주했다. 19세기 이라크의 성지들은 시아파의 정신적 중심지였다. 모르타자 안사리는 직계 후계자가 없었고 한동안 뚜렷한 무즈타히드가 부각되지 않았다. 두 번째 마르자에 타클리드는 콤 출신인 미르자 모함마드 하산 시라지Mirza Mohammad Hasan Shirazi로, 제10대와 제11대 이맘의 무덤이 있는 사말라에 거주하다가 나자프로 이주했다.

미르자 모함마드 하산 시라지가 사망한 이후 오랜 세월 새로운 마르자에 타클리드가 등장하지 않았다. 그러다가 1920년대에 마르자에 타클리드로 인정받은 세 명이 부각되었다. 두 명은 이라크 나자프에 거주하던 세예드 압둘 하산 이스파하니Seyyed Abul Hasan Isfahani(1946년 사망)와 셰이크 무함마드 후세인 나이니Sheikh Muhammad Hussein Naini(1936년 사망)였고, 한 명은 콤으로 이주한 압둘카림 하에리Abdulkarim Haeri(1936년 사망)였다. 1949년에는 세예드 후세인 보루제르디Seyyed Hussein Borujerdi가 시아파 세계의 유일한 마르자에 타클리드로 등장해 이 이론을 보다 강화시켰다. 1962년 보루제르디가 사망하자 팔레비 왕조의 모함마드 레자는 이란 성직자의 영향력을 약화시킬 목적으로 비이란인에게 마르자에 타클리드의 명예를 수여하려고 시도했다. 모함마드 레자는 나자프에 있는 이라크인 무흐신 알 하킴Muhsin al-Hakim(1970년 사망)에게 보루제르디가 죽었다는 전보를 보내고 그를 후계자로 지정하기 위해 노력했다. 그 시기 콤에 있던 시아파들은 시아파의 역사에서 가장 영향력 있는 이라크 나자프의 권위를 무시할 수 있을 정도로 막강해졌고 아랍인을 마르자에 타클리드로 인정하는 것을 더 이상 용인하지 않았다.

  1962년 보루제르디가 사망한 후로는 시아파 세계에 8명의 마르자에 타클리드가 존재하게 되었다. 이라크 나자프에는 3명이 있었는데, 아랍인 무흐신 알 하킴Muhsin al-Hakim(1970년 사망), 이란인 세예드 마흐무드 샤흐루디Seyyed Mahmud Shahrudi, 압둘 카심 호이Abul Qasim Khoi(1992년 사망)였다. 이란에는 5명이 있었는데, 테헤란의 세예드 아흐마드 한사리Seyyed Ahmad Khansari(1984년 사망), 마샤드의 무함마드 하디 밀라니Muhammad Hadi Milani(1975년 사망), 콤의 모함마드 레자 골파예가니Mohammad Reza Golpayegani, 마라시 마라시Marashi Najafi(1990년 사망), 세예드 모함마드 카잠 샤리아트마다리Seyyed Mohammad Kazam Shariat-Madari(1986년 사망)였다. 루홀라 무사비 호메이니Ruhollah Musavi Khomeini(1989년 사망)는 처음에는 주목받지 못했지만 1963년 팔레비 왕정체제에 대한 저항운동과 1965년 망명활동을 통해 마르자에 타클리드로 인정받았다. 보루제르디가 사망한 후 1960년대와 1970년대에는 이란의 성직자 조직이 크게 세 그룹으로 내분되었다.

콤을 기반으로 한 가장 영향력 있는 그룹은 사실상 정부를 인정했으며 평화로운 공존이라는 화해파의 전통을 따랐다. 화해파는 1920년대와 1930년대에 하에리를 중심으로 조직되었고 보루제르디는 이 전통을 계승했다. 보루제르디 사후에는 대다수의 성직자가 이 화해파의 전통을 추종했다. 콤 출신의 마라시와 골파예가니는 비공식적으로 정부를 비판했고 나자프 출신의 호이는 공개적으로 정부를 비난했지만 정부가 올바른 방향으로 인도될 수 있도록 기도했다. 콤 출신의 샤리아트마다리와 테헤란 출신의 한사리는 정부와 우호적인 관계를 지속적으로 유지했다.

둘째 그룹인 협력파는 팔레비 왕조의 후원을 바탕으로 마샤드 출신의 밀라니와 아흐마드 카파이Ahmad Kafai가 이었다. 호메이니와 그 추종자들은 협력파를 '왕궁의 성직자들'이라고 낙인찍곤 했다.

셋째 그룹은 호메이니를 중심으로 한 소수의 신학생들로, 1963년 반정부 투쟁을 조직하면서 형성되었다. 1963년을 기점으로 호메이니는 카리스마 있는 종교지도자로 부상하면서 광범위한 지지 기반을 확보했다. 시아파 역사상 호메이니 이전에는 정치적인 대중 투쟁을 통해 마르자에 타클리드로 등장한 성직자가 없었다.

1979년 이슬람혁명 이후에는 8명의 마르자에 타클리드 가운데 호이 한 명만 이라크에 거주했고 나머지는 이란에 거주했다. 샤리아트마다리는 이슬람혁명 이후 가택 연금을 당했으며 1986년 사망했다. 호메이니는 1989년에, 마라시는 1991년에, 호이는 나자프에서 1992년에 사망했다. 1993년 95세의 나이로 골파예가니가, 1994년 102세의 나이로 모함마드 알리 아라키Mohammad Ali Araki가 죽은 이후 이란에서는 마르자에 타클리드 후계자를 둘러싸고 치열한 논쟁이 벌어졌다. 이란 정부는 호메이니의 후계자 아야톨라 알리 하메네이Ayatollah Ali Khamenei를 마르자에 타클리드로 만들기 위해 노력했다. 많은 종교기관이 하메네이를 지지한다고 공식 발표했지만 하메네이가 지위에 비해 나이가 어려 아직 이념적 권위를 인정하기 어렵다는 여론이 지배적이었다. 12월 2일 콤 신학교 교사협의회는 하메네이를 포함해 마르자에 타클리드의 자격을 지닌 후보자 일곱 명의 명단을 공개했는데, 바로 하메네이, 란카라니Lankarani, 베흐자트 Behjat, 호라사니Khorasani, 타브리지Tabrizi, 잔자니Zanjani, 시라지Shirazi였다. 이를 계기로 하메네이를 마르자에 타클리드로 추대하는 논의가 본격적으로 확산되었다. 마르자에 타클리드는 오늘날 그랜드 아야톨라로 격상되었고 이는 최고의 지위에 해당한다. 마르자에 타클리드는 결코 오류를 범하지 않는 완전무결한 존재는 아니지만 그 권위는 시아파 세계에서 커다란 영향을 미치고 있다.

5

혁명적 시아파의 성장 과정

〔 서구화에 대항한 투쟁 〕

19세기 중반까지 이란 인구의 80~85%는 시골 지역에 거주했으며, 농사, 목축 및 가내 수공업에 종사하면서 물질적으로 자급자족 생활을 유지했다. 정착민 공동체는 그들의 필요에 따라 경작과 사육을 통해 다양한 작물을 길렀으며, 유목민 공동체는 지역경제 안에서 도시와 시골의 구매자들과 물물교환체계를 구축했다. 19세기 후반 이란 사회에서는 커다란 변화가 나타났는데, 이는 바로 이전과는 다른 경제구조였다. 기존의 이란 경제는 자급자족 형태를 중심으로 소도시 간의 교류만을 통해 운용되는 구조였다. 그러나 교역 규모가 확대되고 장거리 무역이 등장하면서 과거와 비교해볼 때 큰 네트워크가 형성되었다. 특화된 상품 생산은 이란 전역의 교환체계를 촉진시켰다. 카산 지역에서는 이란 전체 곡물의 50%가 생산되었고 치즈는 하마단에서 테헤란으로 유통되었다. 이와 같은 현상은 경제생활에서 상호의존성을 보여주었다. 식량자원은 시골에서 도시로, 원자재는 농가에서 장인에게로, 사치재는 예술가에서 엘리트 집단으로 이동했다.

이러한 교환 형태는 이란 사회에서 다양한 관계를 형성했고 점차 국경선을 넘어 남아시아, 중앙아시아, 서아시아 지역으로까지 확대되는 장거리 무역으로 발전했다. 이란의 장거리 무역은 기존의 교역로를 뛰어넘어 유럽경제와 새롭게 연결되면서 재조명되기 시작했다. 당시 유럽경제는 경쟁력 있는 국제 무역망, 운송 및 자본이 구축되어 있었고 시장과 노동, 원자재와 투자를 분배하는 능력을 보유하고 있었다. 이란의 면화, 비단 및 양모를 필요로 했던 유럽인들은 자신들의 제품 시장을 획득했고 유럽은 이란의 담배 산업과 카펫 산업에 대해 경제적 영향력을 확립하는 데 성공했다. 이에 따라 이란 경제의 해외의존도는 시간이 갈수록 심화되었고 국제시장의 가격 형성에서 수동적으로 움직일 수밖에 없었다.

19세기 카자르 왕조 시대에서는 외세의 정치경제적 개입이 본격화되었다. 카자르 왕조는 제정러시아와의 전쟁에서 패배해 1813년 굴리스탄 조약Treaty of Gulistan을 체결해 그루지아와 아제르바이잔을 할양했으며, 1828년에는 투르크만차이 조약Treaty of Turkmenchai을 체결해 동아르메니아와 카프카스를 할양했고 제정러시아의 치외법권을 인정했다. 또한 1838년과 1841년에는 영국과 불평등한 통상협정을 체결했으며, 1872년에는 영국인 줄리어스 로이터에게 70년간 독점적인 광산자원 개발권과 철도 부설권을 넘겨주었다.

19세기 후반 도시로 인구가 집중되면서 이란 사회에는 커다란 변화가 나타났는데, 그 중심지는 대부분 제조업과 상업이 성행했던 바자르bazaar(시장)였다. 이곳은 사업과 상점을 위한 장소였을 뿐만 아니라 종교를 위한 장소이기도 했다. 장인과 상인은 성직자와 가까운 장소에서 업무를

이란 테헤란 북부 타즈리시에 위치한 바자르(재래시장).

보기 시작했고 모스크와 종교시설을 중심으로 상점과 작업장이 형성되었다. 물질적 관계는 다양한 방법으로 그들의 관계를 연결시켰고 이는 일상생활에서 중요한 부분이 되었다. 경제적인 자율성을 획득한 상인과 장인은 성직자를 재정적으로 지원하기 시작했고 이 관계는 더욱 확대되었다. 성직자는 상인과 장인의 지원을 받음에 따라 법적·교육적 활동은 물론 상업적 업무까지도 종교적 책임과 결합시켰다. 도시 거주민과 성직자의 관계는 가족과 이웃의 관계로 발전했고 성직자는 종교생활뿐만 아니라 일상생활에서도 도시 거주민과 긴밀하게 결합되었다.

19세기 후반 담배 산업은 이란 국민의 약 20%가 종사했던 이란의 경제활동에서 주요한 영역 가운데 하나였고 담배는 이란 사회에서 빼놓을 수 없는 기호품이었다. 카자르 왕조의 4대 왕 나세르 알 딘 샤^{Naser al-Din Shah}

(1848~1896년 재위)는 1890년 3월 영국인 탈보트에게 이란 지역의 담배를 50년간 재배·판매·수출할 수 있는 독점권을 넘겨주었다. 나세르 알 딘 샤가 영국 담배회사로부터 수입의 4분의 1과 1만 5000파운드를 매년 고정적으로 받는 조건이었다. 이 조치로 이란 담배 생산업자와 상인은 계약 조건과는 상관없이 자신의 상품을 시장가격이 아닌 정부공시 가격에 내다 팔도록 강요받았다. 성직자들은 이라크 나자프에 있는 미르자 모함마드 하산 시라지에게 도움을 요청했다. 1891년 1월 26일 하산 시라지는 왕에게 서한을 보내 울라마에 대한 차별에 항의하는 한편, 담배 전매권 양도에 대한 반대 입장을 표시했다. 하지만 왕의 반응은 미온적이었다. 하산 시라지는 자신의 제자 중 한 명인 미르자 하산 아시티아니^{Mirza Hassan Ashtiani}에게 연락해 다른 지역의 성직자들과 연대해 시위를 조직하라고 지시했다.

그해 12월 초 하산 시라지는 담배 소비의 금지에 대한 파트와를 발표했다. "신의 이름으로 자비로운 은총을! 오늘날 어떠한 형태로든 담배를 소비하는 것은 이 시대의 이맘에 대한 전쟁으로 단정한다. 신이여, 그의 재림을 서두르소서!" 하산 시라지는 모든 담배 소비를 침략 행동으로 선언했다. 하산 시라지가 파트와를 발표한 이후 모든 형태의 담배 거래가 중단되었다. 모든 담배 가게는 문을 닫았고 상인들은 동조 파업하면서 휴업의 형태로 이 운동에 동참했다. 또한 성직자들은 수업 거부를 결정했다. 에드워드 브라운에 따르면 한 상인은 영국 담배회사에 대한 담배 판매 의무를 피하기 위해 담배 1만 2000자루를 소각하기까지 했다. 정부는 미르자 하산 아시티아니와 협상을 시도했지만 합의점에 도달하지 못했다. 나세르 알 딘 샤는 아시티아니에게 서한을 보내 사람들 앞에서 물담배를 피우든지 아니면 도시를 떠나라고 명령했다. 1892년 1월 4일 아시티아니가 테헤란을 떠나려고 하자 그의 집 주위에 추종자들이 몰려와 아시티아니를 만류했다. 시장은 문을 닫았고 4000여 명의 시위대는 수의를 갖춰 입고 궁전 주위에 모여들었다. 정부군의 폭력 진압으로 시위대 몇 명이 사망하자 아시티아니는 이틀 뒤 모스크에서 군중집회를 열자고 제안하면서 시위대를 철수시켰다. 나세르 알 딘 샤는 아시티아니에게 편지를 보내 담배 전매권 협정을 철회하겠다고 약속했다. 담배 불매운동은 1892년 1월 26일 하산 시라지가 신자들에게 전업으로 돌아갈 것을 요구할 때까지 지속되었다.

담배 불매운동은 단순히 정부의 특정한 조치에 반대하는 운동이 아니었다. 이 운동은 담배 독점권이 국가와 국민 간의 본질적인 대립으로 나타나고 성직자들의 투쟁과 방향성에 따라 운동이 전개된 역사적인 사건이었다. 담배 불매운동에서 나타난 것처럼 마르자에 타클리드의 권위는 시장의 문을 닫게 할 수 있고 상권에 보이콧을 초래할 수도 있었다. 모스크는 다양한 단체가 자연스럽게 모일 수 있는 공간이 되었고 그들은 종교행사에 적극적으로 참여했다. 상인들은 성직자의 가장 강력한 동맹이었다. 그 시기에 시장을 폐쇄하는 것은 가장 위협적인 정치적 수단으로 여겨졌다. 담배 불매운동은 사실상 성직자의 정치적·사회적 영향력을 확대시킬 결정적인 사건이었다.

1906년 입헌혁명 과정에서 수많은 이란의 성직자는 진보적인 입헌주의 입장을 지지했다. 입헌혁명의 첫째와 둘째 단계는 아야톨라 세예드 압돌라 베흐바하니 Seyed Abdollah Behbahani와 아야톨라 세예드 모함마드 타바타바이 Seyed Mohammad Tabatabaii가 주도했고, 셋째 단계는 아야톨라 셰이크 파즐올라 누리 Sheikh Fazlollah Noori의 지원으로 확대되었다. 아야톨라 누리는 담배 불매운동 때부터 정치 참여를 주도한 대표적인 성직자였지만 입헌

이란 시라즈에 있는 나시르 알 몰크 모스크. 카자르 왕조 시대에 나세르 알 딘 샤의 후원으로 1888년 완공된 모스크로, 내부 장식에 붉은 타일을 광범위하게 사용해 핑크 모스크라고도 불린다.

혁명 초기에는 중립적인 입장을 취했다.

1905년 2월 10일 아야톨라 베흐바하니와 아야톨라 타바타바이는 무자파르 알 딘 샤Muzaffar al-Din Shah(1896~1907년 재위)의 전제정치를 반대하기 위해 상인들과 연대해 '비밀회Anjoman-e Makhfi'를 결성했는데, 이 조직의 목표는 헌법 제정과 의회민주주의의 도입이었다. 두 성직자는 3월 말 공개적으로 무자파르 알 딘 샤를 반대하면서 상인들과 결합했고 파업을 주도해나갔다. 11월 라마단 기간을 맞이해 아야톨라 누리가 이 운동에 결합했고 이로 인해 반정부 시위는 점차 고조되었다. 12월 아인 알 다울라Ain al-Dawla 재상이 설탕 가격 폭등을 근거로 테헤란 상인을 체포해 공개 태형에 처하는 일이 발생하자 테헤란 금요예배 인도자 미르자 아볼 카셈Mirza Abol-Qasem은 다음날 반정부 시위를 주도했다. 이 시위를 기점으로 테혜란 시장에서 불복종 운동이 시작되었고 곳곳에서 시위가 벌어졌다.

1906년 1월 12일 아야톨라 타바타바이는 샤와 재상에게 개혁을 요구하는 두 통의 편지를 보냈지만 아무런 답신도 얻지 못했다. 시위 과정에서 경찰의 발포로 아볼 하미드^{Abol Hamid}라는 신학생이 사망하면서 시위는 점차 격화되었다. 아야톨라 베흐바하니는 더 많은 희생을 막기 위해 정부가 개혁 조치를 받아들이면 종교지도자들이 테헤란을 떠나 콤으로 이주할 것이라고 밝혔다. 그 결과 1월 25일 종교지도자들과 그들의 가족 1000여 명이 콤으로 이주했는데, 아야톨라 누리도 이 시기부터 입헌혁명에 동참했다. 이 사건을 '입헌혁명의 이주'라고 부른다.

테헤란에서는 성직자들의 테헤란 복귀를 요구하는 시위가 지속적으로 벌어졌고 그들 중 일부는 테헤란 주재 영국대사관으로 들어갔다. 그 당시 영국 정부는 입헌혁명을 지지하면서 러시아 정부에 매우 의존적인 이란 정부를 견제하고자 했다. 아야톨라 베흐바하니는 영국 대사관을 피난처로 삼으라고 지시했고 5일 동안 1만 4000여 명이 이곳에 모였다. 테헤란 시장은 철시했고 상인들은 피난처를 찾는 이들을 도왔다. 샤는 영국 대사관을 둘러쌀 것을 군대에 명령했지만 일부 군인은 점차 혁명세력을 지지하기 시작했다. 샤는 더 이상 군의 지지를 잃지 않기 위해 혁명세력의 요구를 수용하기로 결심했다. 혁명세력의 요구는 크게 다섯 가지였다. 첫째, 콤으로 이주한 성직자들을 되돌려달라. 둘째, 아인 알 다울라 재상을 즉각 해임하라. 셋째, 의회를 설립하라. 넷째, 살인자들을 처벌하라. 다섯째, 추방당한 사람들을 즉각 복귀시켜라. 결국 샤는 아인 알 다울라 재상을 해임했고 콤으로 두 왕자를 보내 이주자들을 돌아오게 했다. 또한 의회 설립에 서명했다. 이로써 10월 7일 최초로 의회가 개원되었고 12월 30일 헌법이 제정되었다.

입헌혁명이 발생한 데에는 경제적 요인도 작용했지만 전제정치를 반대하는 정치사회적 요인이 더 중요하게 작용했다. 이는 전제군주의 절대권을 제도적으로 제한하기 위한 헌법 제정과 의회 구성으로 나타났다. 하지만 모든 성직자가 입헌혁명의 목적에 동의한 것은 아니었으며 입헌혁명을 통해 자신의 위상과 역할을 확대하고자 했다. 헌법 제2조에는 이슬람법에 모순되는 국민의회의 입법 금지 및 이의 감독을 위해 5인 이상의 울라마 위원회를 구성하다고 규정했다. 울라마 위원회는 헌법이 이슬람법의 가치와 규범에 위배되는지를 결정할 수 있는 역할을 부여받았다.

또한 입헌혁명이 성공할 수 있었던 또 다른 이유는 종교적 혁명 이데올로기가 조직화되었기 때문이다. 성직자와 지식인 및 상인의 연대로 설립된 조직은 대중운동의 시발점이 되었다. 상인들과 종교 단체의 지원 아래 강력한 기반을 유지할 수 있었기 때문에 혁명세력은 정부의 위협과 탄압에 맞설 수 있었다. 샤와 기득권을 유지하고자 했던 보수적인 정치세력과 성직자들 사이에는 첨예한 갈등이 존재했는데, 혁명세력은 파업과 시위를 통해 종교지도자들에 대한 무한한 신뢰와 연대를 보여주었다. 성직자들과 상인들은 사회정의를 추구한다는 집단적 정체성을 가지고 있었고 종교의식을 통해 연대감을 확산시켰다. 1891년 담배 불매운동을 계기로 결합한 테헤란 상인들과 종교계는 종교지도자에 대한 대중의 지지와 신앙을 바탕으로 거대한 대중 세력을 형성했다.

20세기 들어 제2차 세계대전 이후 국가 간 교류가 활발히 진행되면서 이란에서는 국제적 규모의 시장이 설립되었고 새로운 경제구조가 등장했다. 팔레비 왕조(1926~1979)는 국제경제 환경이 변화함에 따라 이란 사회에서도 급속한 변화를 시도했다. 20세기 초반 이란경제가 변화했던 직접적인 원천은 바로 국가였다. 1920년대와 1930년대에 국가가 지원하는 근대식 교육제도가 도입됨에 따라 울라마의 역할은 크게 감소했다. 1920년대 중반과 1930년 중반 사이 신학교에서 공부하는 학생들은 2만 3000여 명에서 5만 5000여 명으로 증가했는데, 그 시기 국가가 관리하는 근대식 학교의 학생 수는 6만 명에서 23만 명으로 늘어났다. 1940년대 중반 신학생의 수는 1920년대 수준으로 감소된 반면, 근대식 학교의 학생 수는 32만 7000명을 넘었다. 1970년대까지 약 500만 명의 초등학생과 250만 명의 중학생이 국가가 관리하는 근대식 교육체계에서 교육받았다.

또한 1922년 국가 법원이 설립되면서 종교 법원의 위상과 기능이 약화되었고 1930년대 사법체계의 세속화가 확대되면서 울라마의 역할은 점차 감소되었다. 더 나아가 1930년대에는 와크프에 대한 규제를 강화시켜나갔다. 국가 관료제, 국가의 경제적 개입, 그리고 교류활동의 성장은 도시와 지방 간에 커다란 격차를 야기했다. 이스파한과 야지드의 섬유산업, 시라즈, 테헤란 및 마샤드의 설탕 정제산업, 남서부 지역의 석유산업처럼 일부 대도시를 중심으로 성장한 산업활동은 지역 불균형을 심화시켰다. 또한 도시 내의 소득 불균형 문제도 점차 확산되어 심각한 사회 문제로 등장했다. 사람들이 농촌에서 도시로, 가난한 도시에서 부유한 도시로 이동하면서 이러한 문제가 더욱 확산되었다.

이란 사회는 종교적 배경을 바탕으로 전통문화와 현대문화가 공존하고 있었다. 하지만 팔레비 왕조의 급격한 근대화 정책으로 이란의 인구가 도시로 집중됨에 따라 슬럼가와 빈민가가 형성되었고 빈부 격차 문제가 심각한 수준에 이르렀다. 1930년대 도시의 인구는 전체 인구의 약 5분의 1 정도였지만 1960년대에는 약 3분의 1로 증가했고 수도 테헤란에 4분의 1 이상의 인구가 집중되었다. 도시 집중화 현상은 1940년대와

1950년대에 시작되었는데 1976년에는 전체 인구의 약 47%가 도시에 몰렸다. 이는 중앙정부가 개입과 지원을 통해 주요 도시를 중심으로 경제를 발전시키면서 도시의 자치권을 침해하고 지역경제의 독립성을 위축시킴에 따라 나타난 현상이었다. 1920년대와 1950년대 사이에 시행된 정부 주도의 급속한 도시화 정책은 도시 주변에 슬럼가와 빈민가를 확산시키면서 다양한 사회 문제를 야기시켰다. 이란 사회의 경제적인 변화는 종교의 역할과 기능을 바꾸어놓았다. 성직자들은 가난하고 소외받는 사람들을 위한 재정을 지원하고 정부에 맞선 상인을 지원하는 등 경제문제에 적극적으로 개입했다. 이로써 이슬람은 더 많은 권위와 정당성을 가진 진정한 대중 종교로 변화되었다.

레자 샤^{Reza Shah}(1926~1941년 재위)는 1921년 2월 21일 영국의 지원 아래 쿠데타를 일으켜 실권을 장악했다. 그는 1923년 10월 26일 카자르 왕조의 아흐마드 샤^{Ahmad Shah}(1909~1923년 재위)를 추방하고 총리로 취임했으며, 1925년 12월 15일 팔레비 왕조를 선언한 후에는 1926년 4월 25일 스스로 팔레비 왕조의 초대 왕으로 즉위했다. 또한 무스타파 케말^{Mustafa Kemal}의 터키식 서구화 모델을 선호했다. 레자 샤는 1929년 이란 여성들에게 서구식 복장 착용을 강요했다. 1936년에는 여성들에게 베일 착용을 금지하는 한편, 성직자와 신학생에게만 전통적인 카프탄과 터번 착용을 허용했다. 1932년에는 서구식 법정을 설립해 성직자들의 재판 업무의 기능을 약화시켰으며, 1935년에는 테헤란대학교를 설립하는 한편, 전국적인 초중등 교육제도를 도입해 전통적으로 교육 업무를 담당해온 성직자들을 배제시켜 성직자의 활동 범위를 종교적인 문제로 제한시키기도 했다.

팔레비 왕조가 등장한 이후 성직자들은 방어적인 입장을 취했지만 종

이란 이스파한의 이맘광장. 가로 512m, 세로 160m의 규모로 이곳을 나크셰 자한, 즉 세계의 절반이라고 부른다. 앞에 보이는 셰이크 로트폴라 모스크는 사파비 왕조의 아바스 1세가 장인이자 시아파 지도자 셰이크 로트폴라를 위해 만든 것으로 다른 모스크와 달리 첨탑과 정원이 없다. 이는 여성 왕족들을 위한 시설로 사용되었다고 한다.

교도시 콤을 통해 내부 역량을 강화했다. 콤은 시아파의 가장 오래된 중심지 가운데 하나였지만 이슬람혁명의 근거지로서 핵심적인 역할을 수행한 시기는 20세기 후반부터였다. 이란의 고대 도시 콤은 7세기 아랍인의 침략으로 파괴되었지만 우마이야 왕조와 아바시야 왕조를 반대하는 아랍 시아파들에 의해 재건되었다. 816년 제8대 이맘 레자의 여동생 파티마가 콤에서 사망하면서 콤은 시아파들의 주목을 받게 되었다. 10세기 콤은 바그다드와 함께 시아파의 중요한 중심지로 부각되었지만 1224년 몽골인의 침입으로 또다시 파괴되어 수세기 동안 그 명성을 잃었다. 하지만 16세기 사파비 왕조는 콤을 시아파의 중요한 성지로 만들기 위해 노력했다. 샤 아바스 1세(1588~1629)는 이를 위해 파티마 마수메의 성지에 거액을 기부했고 그곳에 신학교와 순례자 병원을 세웠다. 콤에 있는 신학교는 1553년에 설립되었다. 그곳에서 가르쳤던 유명한 신학자 무흐신 페이즈^{Muhsin Feyz}의 이름을 본 따 이 신학교의 이름을 정했고 이곳은 훗날 페이지야로 널리 알려졌다. 페이지야는 1798년 파트 알리 샤에 의해 재건되었다. 페이지야는 돔 모양의 벽감으로 된 뜰 위로 2층 부속건물이 있고 4개의 면이 직사각형으로 둘러싸인 뜰을 가지고 있다. 신학생 기숙사는 부속건물 안에 있는데 각 부속건물 가운데에는 커다란 돔 모양의 열린 홀이 있다.

콤이 시아파의 중심지로 부활한 데에는 1920년대 아야톨라 압둘카림 하에리(1859~1937)의 역할이 컸다. 그는 나자프와 사마라에 있는 성지에서 학문을 완성한 후 이란 서부의 도시 아라크에 정착했다. 그는 1922년 콤에 초대되었고 그곳에 정착하면서 페이지야에 있는 구식 교육 건물들을 재건하기 시작했다. 신학교는 당시 신학생이 1000명 이상이었다. 훗날 이슬람혁명을 주도한 호메이니를 비롯한 많은 신학생들이 하에리를 따라 콤으로 이주했으며, 이라크에 있던 수많은 이란인 울라마도 콤으로 이주하기 시작했다. 1922년 영국은 파이살과 동맹 협약을 체결해 이라크를 형식적인 왕국으로 독립시켜주었고 이에 반발한 시아파 성직자들은 콤으로 떠났다. 하에리는 콤에 있는 호제예 엘미예^{houzeh-ye elimiyye}(연구센터)의 진정한 설립자였다. 호제^{houzeh}는 아랍어로 '재산, 구역, 영역'을 의미한다. 그곳은 영미 대학교의 캠퍼스와 거의 유사하다. 호제예 엘미예는 오래된 페이지야 벽을 넘어 도시 내에 수많은 건물 단지를 포함하게 되었다.

호제예 엘미예의 교육과정은 크게 3단계로 나누어진다. 제1단계는 가장 낮은 수준으로 기초과정이라고 불린다. 이 과정에서는 아랍어, 아랍 문학, 이란 문학, 이슬람 역사 및 쿠란 수업이 이루어진다. 아랍어는 이슬람의 학문적 언어이자 시아파 울라마는 아랍어로 소통하기 때문에 학생들은 아랍어를 반드시 습득해야 한다. 제1단계는 약 4년 정도 소요되며 수료증을 받는다. 제2단계는 하레즈kharej라 불리고 이슬람법과 철학의 원리에 관한 학문을 배운다. 이 과정은 약 5년 정도 소요되며 '허가증'을 받는다. 마지막 제3단계에서는 신학생들이 무즈타히드의 자격을 지니도록 훈련받는다. 신학생들은 이 단계에서 카프탄 또는 터번을 착용하고 교육 조교의 형태로 참여한다. 도시의 외곽에는 파티마 마수메의 이름을 딴 신학교와 여학생을 위한 신학교도 지어졌다. 하에리의 시기에는 1000여 명의 신학생이 이곳에서 공부했는데, 1979년에는 학생 수가 약 6000명으로 증가했다. 이란 정부의 발표에 따르면 이란-이라크 전쟁에서는 약 2500명의 콤 신학생들이 자발적으로 참여해 '순교자'가 되었다고 한다.

[시아파의 혁명 이데올로기]

시아파는 원래 혁명적인 성향이 아니었다. 시아파는 급진적인 혁명주의자가 아니라 수세기 동안 고통과 인내 속에 이상주의자를 꿈꿔왔다. 시아파의 목표는 신의 의지를 체현한 숨은 이맘이 재림해 합법적인 권력을 획득할 때까지 항상 기다리며 예배를 드리는 것이다. 전통적인 시아파는 정치에 무관심하고 세속 권력에 대해 언제나 부정적인 시각을 가지고 있다. 19세기와 20세기 대다수의 마르자에 타클리드(시라지, 하에리, 보루제

이란 콤에 위치한 마수메 모스크. 제8대 이맘의 여동생 파티마 마수메의 무덤이 있다. 콤은 이란의 정신적인 수도로 알려져 있다.

르디, 마라시, 호이, 골파예가니)는 정치 개입에 반대했다. 그들은 성직자와 신자의 이해관계가 심각하게 침해받을 경우에만 정치적인 입장을 표명하고 이러한 요구사항이 해결되면 정치 문제에 대해 거리를 두었다. 따라서, 뒤에서 언급하겠지만, 이슬람법학자 통치론을 발전시킨 호메이니의 혁명적인 정치적 의제와 행동주의는 처음에는 시아파 성직자들 내부에서 광범위한 지지를 받지 못했고 비난과 의혹의 대상이 되었다.

혁명적 이데올로기로 시아파의 전통이 전환된 것은 매우 현대적인 현상으로, 이는 기존의 시아파 전통과는 다르기 때문에 이를 위해서는 시아파의 종교적인 전통에 대해 새로운 해석과 수정이 필요했다. 그러한 변화가 일어난 이유는 본질적으로 종교적 인물 때문이 아니라 서구화된 지식인과 평신도 때문이었다. 이란의 대표적인 소설가이자 평론가인 잘랄 알레 아흐마드Jalal Al-e Ahmad(1923~1969)와 종교학자이자 사회학자인 알리 샤리아티Ali Shariati(1933~1977)가 여기에 가장 크게 공헌한 인물이다. 이 두 인물은 모두 한때 서구 사상에 심취된 경험이 있으나 외세 개입을 반대하면서 반식민주의를 주창했다. 제2차 세계대전에서 이란은 중립을 선언했지만 1941년 8월 영국과 소련이 이란을 침공하자 1941년 9월 6일 레자 샤는 아들 모함마드 레자 샤Mohammad Reza Shah(1941~1979년 재위)에게 왕위를 양도했다. 하지만 1953년 8월 19일에는 친미 쿠데타가 발발해 모함마드 모사데크Mohammad Mosadeq 민족주의 정권이 붕괴되었다. 이를 통해 왕정을 다시 세운 모함마드 레자 샤는 미국과 긴밀한 관계를 유지하면서 반정부세력을 무차별적으로 탄압하는 철권통치를 실시했다. 이와 같은 외세의 개입에 대한 저항은 혁명적인 시아파가 탄생하게 된 직접적인 원인이었다. 1979년 이슬람혁명은 서구의 식민 통치에 반발하는 반서구적인 시각하에 일어난 것이었다. 이러한 태도는 전통적인 이슬람이나 시아파의 전통에 기초해서는 설명될 수 없다.

한때 신학생이자 공산주의자였던 잘랄 알레 아흐마드는 열렬한 민족주의자로 변화했다. 테헤란의 성직자 집안에서 태어난 잘랄 알레 아흐마드는 어린 시절부터 종교수업을 받았다. 1944년 그는 성직자가 되기 위해 나자프로 갔으나 3달 만에 이란으로 돌아와 이란의 공산주의 정당인 투데당Tedeh에서 활동했다. 하지만 투데당 내부의 파벌 다툼에 염증을 느껴 탈당한 후 본격적으로 저술 활동에 몰두했다. 그는 이란인들이 자신들의 전통적인 가치관에서 벗어난 채 서구를 맹목적으로 모방하고 있다고 선언했다. 그는 이란인들이 끔찍하고 치명적인 서구의 병에 감염되었다고 지적하면서 이를 '서구로부터의 전염병'이라고 비난했다. 그는 1962년 『서구중독증Gharbzadegi』이라는 책에서 이란의 현대화(서구화)를 외부로부터 이란 사회를 오염시키고 이란인의 생활과 문화적 주관성을 저하시키는 질병으로 묘사했다. 그는 이란의 근대화에 대한 비평을 근대적 지식인의 세속주의와 사회 진보의 전통으로 넓혔다. 그리고 근대 이란 지식인의 이슬람 문화와 시아파 성직자에 대한 태도를 비평했다. 잘랄 알레 아흐마드에 따르면 서구중독증의 근원은 세속주의 사상과 19세기 중반 서구 지향 지식인 운동까지 거슬러 올라간다. 그는 반입헌주의자 성직자인 셰이크 파즐라 누리Sheik Fazlullah Nouri를 옹호하며 그를 순교자라고 칭했다. 그는 19~20세기 이란에서 성공한 모든 저항운동, 예를 들면 1891년 담배 불매운동, 1906년 입헌혁명, 그리고 1950년대 모사데크의 석유 국유화 운동에는 성직자의 참여와 후원이 있었다고 지적했다. 1964년 그는 호메이니를 방문해 자신의 책을 주면서 "만약 우리가 지속적으로 협력한다면 정부를 무너뜨릴 수 있다"라고 말했다.

잘랄 알레 아흐마드는 서구 방식을 수용하려고 노력하는 교육받은 이란인들 때문에 진정한 이슬람이 무해한 유물로 변했다고 설명하면서 이렇게 말했다. "나는 아시아인 또는 아프리카인으로서 나의 예절, 문화, 음악, 종교 등이 발굴된 유물처럼 손상되지 않도록 보존하고자 한다. 진정한 지식인은 그것들을 찾아내서 발굴할 수 있다." 또한 그는 뿌리 없고 허무주의적인 이슬람을 비판하면서 진실한 이슬람은 시대 상황이나 사회악과 투쟁해야 한다고 강조했다. 그는 성직자들이 역사적으로 '서구에 저항한 마지막 보루'라고 주장했다. 팔레비 왕정체제가 등장한 이후 성직자들의 역할은 상대적으로 한정되어 있었다. 그러나 1961년 마르자에 타클리드 보루제르디가 사망하고 나서 급진파 호메이니가 그 자리를 채우자 분위기가 반전되었다. 아흐마드가 주장한 '서구중독증'은 호메이니와 시아파의 정치화에 부합되는 주제였다. 이것은 시아파 성직자의 수동성과 허무주의에 저항하는 원동력이 되었다. 아흐마드는 성직자가 적의 무기로 스스로를 무장할 수 있고 또한 무장해야 한다고 강조하면서 이란 전역의 모스크에 성직자의 전달자를 임명해 정부의 서구화에 반대해야 한다고 주장했다. 그는 성직자 조직이 '정부 안의 정부' 또는 '비밀 정부'라고 말했다. 서구중독증은 1960년대와 1970년대 이란에서 팔레비 왕조에 대한 분노와 저항을 보여주는 가장 인기 있는 개념이 되었다.

1969년 잘랄 알레 아흐마드가 사망하고 난 후 그의 이론은 1970년대 알리 샤리아티에게로 이어졌고 보다 더 발전했다. 알리 샤리아티는 잘랄 알레 아흐마드와 마찬가지로 이란 이슬람 문화를 경시하는 세속적 정치 환경을 비판했지만, 그 둘은 커다란 차이점이 있다. 잘랄 알레 아흐마드는 이란의 문화와 정치에서 세속주의와 근대화를 집중적으로 비판했지만, 알리 샤리아티는 세속적 이데올로기를 대체할 수 있는 타당한 근대적 시아파 이론을 확립하려고 노력했다.

알리 샤리아티는 자신의 전임자 잘랄 알레 아흐마드처럼 성직자 집안에서 태어났다. 그는 1933년 이란의 종교도시 마샤드 부근에 있는 카하크에서 태어나 어린 시절부터 엄격한 종교 교육을 받았다. 그는 1956년 마샤드대학교 페르시아어문학과에 입학해서 같은 과 여학생과 결혼했고, 졸업한 후에는 프랑스로 유학을 갔다. 1964년 소르본대학교에서 사회학 박사학위를 취득한 후 이란으로 돌아오자마자 프랑스 유학 시절 반왕정 투쟁을 벌인 경력으로 인해 체포되었다. 석방 뒤 마샤드대학교에서 강의했지만 사상적인 문제로 해고당했으며, 1969년부터 1973년까지 테헤란에 있는 호세이니예라고 종교센터에서 강연과 저술 활동을 했다. 하지만 이 종교센터는 팔레비 왕정에 의해 강제로 문을 닫았고 알리 샤리아티는 또다시 구속되었다. 그는 구속, 고문 및 가택연금을 당하다가 결국 1977년 이란을 떠났고 그해 런던에서 사망했다.

알리 샤리아티의 이데올로기는 시아파의 교의에 대한 해석에서 두 가지 관점, 즉 이상적인 관점과 현실적인 관점이 존재한다고 구분했다. 전자는 역동적이고 해방적이며 제1대 이맘 알리에 의해 구현된 관점이고, 후자는 사파비 왕조 이후 시아파가 이란의 국교로 선포된 뒤 성직자들에 의해 제기된 수동적인 관점이다. 알리 샤리아티는 종교가 보수와 진보 같은 서로 다른 두 가지 역할을 수행하지만 실제 종교는 억압에 대해 투쟁해야 한다고 강조했다.

전통적인 시아파 성직자의 관점에서는 시아파에 대한 알리 샤리아티의 해석이 이단적이었다. 그는 전통적인 시아파의 상징과 이미지를 재평가하면서 이를 혁명사상으로 발전시켰다. 그는 시아파의 역사를 외세와 압제에 대항하는 정의를 위한 투쟁이라고 규정하면서 사파비 왕조가 수립된 이후 시아파가 세속 권력과 동맹관계를 구축함으로써 신의 사명을 배신했다고 주장했다. 알리 샤리아티는 1501년 사파비 왕조가 등장하기 이전까지는 시아파가 이슬람의 이름으로 폭정을 펼쳤던 모든 왕정에 대해 저항했다고 지적했다. "혁명 정당처럼 시아파는 잘 조직화되어 있고 정보가 풍부하며 선명한 이데올로기를 가지고 있다. 또한 명확한 구호를 지닌 규율된 조직이다." 또한 시아파의 사상이 자유와 정의를 위한 과정에서 억압받고 고통 받는 민중을 이끌었다면서 "사파비 왕조 이전의 시아파는 반란의 근원이었고 짓밟히고 억눌린 민중의 저항으로 나타났다"라고 주장했다.

알리 샤리아티는 14세기 몽골인에 대항해 반란을 일으켰던 이란 북동부의 사르베다르 왕조(1337~1381)가 처음이자 마지막인 실제 시아파 왕조라고 언급했다. 사르베다르 왕조는 성직자들과 농민들이 일한 왕조(1256~1353)에 대항해 셰이크 칼리파^{Sheikh Khalifa}를 중심으로 수립한 왕조였다. 이 왕조는 일한 왕조의 통치권에 대해 인정하지도 협력하지 않았으며, 정의의 기치와 순교 문화를 바탕으로 과두정치 형태로 왕조를 운영했다. 하지만 사파비 왕조가 등장한 이후 '붉은 시아파'에서 '검은 시아파'로 변질되어 '순교의 종교'에서 '애도의 종교'로 바뀌었다고 주장했다. '붉은 시아파'는 순수하고 진실한 제1대 이맘 알리의 시아파이며 전제와 압제에 대항해 투쟁하는 혁명운동이었다. 반면에 '검은 시아파'는 '사파비 왕조'이며 억압하고 착취하는 자들을 인정하는 것이었다. 검은 시아파는 저항과 순교를 하는 대신에 아슈라 의식에서 소극적으로 애도하거나 이맘들의 무덤 앞에서 우는 것으로 혁명적 임무를 배신했다. 알리 샤리아티는 채찍질 같은 전통적인 아슈라 의식과 물라의 역할 모두를 경멸했다. '성직자 없는 이슬람'을 꿈꾸었던 그는 물라와 아야톨라의 해석이 지식, 진보 및 혁명운동에서 방해물이 되고 있다고 비난했다.

알리 샤리아티는 마르크스 이론을 결합시켜 이슬람을 재해석했다. 그는 『이슬람학』이라는 저서에서 계급투쟁을 역사의 동력이라고 규정하면서, 계급을 해석하기 위해 종교적인 기초를 상세히 설명했다. 또한 역사에서 계급투쟁의 상징으로 등장하는 카인과 아벨의 이야기를 인용했다. 그는 아벨은 양치기로 카인은 농부로 해석하는 한편, 아벨과 카인의 투쟁을 집단소유체제(아벨의 체제)와 사적 소유체제(카인의 체제)의 상징으로 해석했다. 또한 쿠란에서는 상징적으로 나타나는 계급투쟁이 영구적이지만 역사에서는 계급투쟁이 다르게 형성되어왔다고 주장했다. 따라서 그는 현 시대에는 계급투쟁의 본질이 선진국과 개도국 간의 갈등이라고 규정하면서, 서구체제는 제3세계를 희생시켜 노동자들을 부르주아 계급으로 만듦으로써 혁명적인 요소들을 제거해왔다고 주장했다. 이렇게 나타난 새로운 계급은 혁명적 계급에 대한 재정의를 요구한다. 제3세계에서 혁명적 의식은 경제적 계급뿐만 아니라 종교적 신념, 상징, 초월, 관습, 전통, 문화, 정의의 형태를 가진 계급과도 달리 정의되어야만 한다. 이러한 점에서 진보적인 종교의 가능성은 계급혁명에 성공하기 위한 결정적인 요소이다.

알리 샤리아티는 종교를 동반한 혁명적 이데올로기만이 사회 변화와 새로운 사회를 위한 투쟁에서 대중을 동원할 수 있다고 표현했다. 그러나 그의 이슬람 이데올로기는 단순히 정치적인 것이 아니라 보다 더 깊은 수준의 종교적 원리에 집중되어 있었다. 그는 서구의 허무주의 문화를 '속된 마음'이라고 규정하면서 세속적인 경향의 서구에서는 모든 인간이 소비적인 동물이 되고 모든 국가는 확실성이 제기된다고 강조했다. 속된 마음이라는 것은 개인적인 쾌락주의를 증진시키고 삶의 고차원적인 목적을 경시하는 사회철학이라 할 수 있었다. 따라서 그는 속된 마음이 종교 제도를 포함한 이란 사회를 더럽히고 있고 이로 인해 혁명적 성격의 진정한 이슬람이 점차 잊히고 있다고 주장했다. 또한 속된 마음은 이란인들 사이에 소원함과 자기혐오를 만들어내고 있으며, 심지어는 자신의 뿌리를 잃어버린 채 서구의 저속한 현대화에 대한 애착을 자랑스럽게 여길 만큼 이란인들에게 깊고 강하게 스며들고 있다고 비난했다.

알리 샤리아티는 이란 사회를 떠도는 이와 같은 전염병의 원인이 계급에 기초를 두고 있다면서, 더럽고 악취 나는 돈을 쥐고 있는 부르주아 계급이 이에 기여했다고 언급했다. 이란 종교제도가 붕괴된 것은 부르주아 계급 때문이라는 것이 그의 결론이었다. 속된 마음은 위선적인 성직자와 가난을 만들고 부유한 사람들이 가난한 사람들을 도와주면서 그들에게 훈계하는 시스템을 만들어냈다. 현대성의 지배 아래 속된 마음은 인간을 현대 기술의 노예로 만들었다. 그는 이 같은 상황을 소비를 강조한 과학

기술의 결과로 나타난 현대 철학의 특성이며 이로 인해 인간의 소외 현상이 나타나게 되었고 설명했다. "확실한 앎이라는 것은 영적인 현상이다. 확실한 앎은 서구 강대국에 대한 열등감으로부터 자신을 보호하는 것에 대해 동의하는 인간의 존재론적 가치를 말한다."

알리 샤리아티는 인간과 신을 자연적인 것과 초자연적인 것으로 나누는 대신 이 둘을 세계 속에서 하나 된 결합체로 만들었으며 이 결합은 하나의 생활양식, 삶, 의식체계이자 하나의 의지, 지식, 감정, 목적을 가진다고 주장했다. 따라서 과학은 피상적으로 측정 가능하고 관찰 가능한 세계를 다루지만 전통과 영혼에 대한 이해는 확실한 앎에 관심을 두고 있다면서 이슬람이 중요하다는 사실을 강조했다. 이러한 논리를 바탕으로 그는 비록 서구가 과학적 진리를 더 잘 활용하고 있지만 시아파는 존재론적 진리를 가지고 있으므로 이슬람이 더 우월한 위치에 있다고 주장했다.

알리 샤리아티는 "카르발라는 어디든 존재한다. 매달이 무하람이고 매일이 아슈라이다"라고 주장하면서 제3대 이맘 후세인의 발언을 인용했다. "삶이란 믿음이자 믿음을 위한 투쟁이다." 20세기 다른 이슬람 사상가들과 마찬가지로 그도 이상적인 이슬람의 이미지를 가졌다. 그는 14세기 동안의 이슬람 역사는 오류의 역사라고 지적하면서 이슬람 역사에서 황금시대였던 예언자의 시대, 이맘들의 시대는 저항의 역사라고 주장했다. "시아파는 역사에 의해 정해진 경로를 따르지 않는다"면서 "현재 (1972년)의 이슬람은 '전통'의 옷을 입은 범죄적 이슬람이며 … 진정한 이슬람은 순교의 붉은 망토에 가려진 숨은 이슬람이다"라고 말했다. 이처럼 알리 샤리아티는 전통적 시아파를 혁명이데올로기로 전환시키는 데 결정적인 역할을 했다.

⟦ 호메이니의 이슬람법학자 통치론 ⟧

정치적인 혁명은 시아파 자체를 혁명화시키는 역할을 수행했고 이로 인해 많은 변화가 발생했다. 가장 중요한 변화는 호메이니에 의해 이론적으로 발전한 '이슬람법학자 통치론'으로, 이 이론은 혁명 과정을 통해 구현되었을 뿐 아니라 1979년 이슬람혁명 이후 탄생한 이란이슬람공화국의 토대가 되었다.

루홀라 무사비 호메이니(1902~1989)는 1902년 콤에서 남서쪽으로 120여 km 떨어진 호메인에서 태어났다. 그는 제7대 이맘 무사 알 카짐의 후손으로 알려졌고 이를 근거로 그의 가족에게는 '무사비'라는 이름이 붙여지게 되었다. 1918년 하에리의 문하생으로 입문한 호메이니는 1922년에는 하에리를 따라 콤으로 갔으며, 1930년대에는 페이지야에서 강의를 했다.

호메이니는 1941년 첫 번째 책 『비밀의 폭로 Kashf al-Asrar』를 출판했다. 이 책은 종교를 국가 수호의 보증인으로 표현했으며 울라마를 서구 열강에 이란의 이권을 넘겨준 팔레비 왕을 반대하는 수호자로 강조하면서 레자 샤를 강하게 비난했다. 사실 그는 무정부 상태보다는 전제정부가 낫다는 전통적인 시아파의 관점을 대변하면서 찬탈자들에게 봉사하는 것이 무슬림들에게 이익이 된다면 심지어 전제정부를 추천할 만하다고 강조했다. 특히 울라마는 외세의 간섭과 침탈에 대항해 국가를 수호하기 위해서는 통치자들을 도와야만 한다고 했다. 이 책에서는 주로 국가에서 울라마 또는 이슬람법학자가 해야 할 역할에 대해 다루고 있다. 그들은 이슬람법에 정통하기 때문에 정부의 행위가 합법적인지를 결정할 수 있는 지위를 가지고 있다고 호메이니는 주장한다. 호메이니는 이 책에서

이란 콤에 위치한 호메이니 생가.

다음과 같이 말한다. "만약 이슬람법학자가 정부의 역할을 책임진다고 말하면 이것은 이슬람법학자가 왕, 장관, 장군, 또는 청소부가 되어야 한다는 의미가 아니다. … 신법에 정통한 무즈타히드로 구성된 국회는 공정하고 이타적이며 국민들에게 이익을 제공하고 신법을 수행하며 정당한 통치자를 선출할 뿐 그 외에 다른 야망은 없다. 만약 자문위원회가 종교전문가로 구성되거나 감독받을 경우 세상에는 어떤 잘못된 일이 발생할지 모른다." 그는 1907년 이란 헌법 제2조를 지지하면서 국회의 입법 활동을 감시하기 위한 이슬람법학자 제도를 강조했으며 이를 통해 군주제를 통제해야 한다고 주장했다. 하지만 이러한 기능을 수행하기 위해 자격 있는 이슬람법학자가 국가를 통치해야 한다는 입장에 대해서는 언급하지 않았다.

호메이니의 입장은 모함마드 레자 샤 시대부터 급진적으로 변하기 시작했다. 그는 모함마드 레자 샤가 1961년부터 이란의 근대화와 서구화를 제창하며 주도한 '백색 혁명'을 반대하면서 1963년 1월 26일 실시된 국민투표에 대해 거부운동을 벌이자고 주장했다. 이 운동을 통해 호메이니는 반왕정 투쟁의 대변인이자 지도자로 부각되었다. 6월 3일 아슈라 집회에서 호메이니는 모함마드 레자 샤를 '현대의 야지드'라고 공개적으로 비난했는데, 이는 모든 시아파가 이해할 수 있는 명백한 암시였다. 우마이야 왕조의 칼리프 야지드는 카르발라 학살을 주도한 통치자였기 때문이다. 또한 그는 모함마드 레자 샤에게 다음과 같이 말했다. "나는 당신, 즉 가엾고 비참한 45세의 늙은 남자에게 잠시 멈추고 생각할 것을 충고한다. 사람들은 내가 당신을 무신론자로 선언하기를 요구하고 있다. 당신은 나라 밖으로 내쫓길 것이다."

이러한 선동적인 공격에 격분한 모함마드 레자 샤는 호메이니를 체포했고 호메이니는 10달간 투옥생활을 했다. 한편 모함마드 레자 샤가 미군에 외교 면책 특권을 주는 법안을 채택하자 호메이니는 1964년 10월 이에 저항하는 집회를 주도했다. 그는 모함마드 레자 샤가 이란의 주권을 미국에 팔아넘겼다면서 비난했고 이를 외세에 많은 이권을 부여했던 과거 카자르 왕조의 왕들과 비교했다. 호메이니의 비타협적인 행동은 급진적인 신학생과 지식인에게 많은 감명을 주었다. 결국 모함마드 레자 샤는 호메이니를 추방하기로 결정하고 11월 4일 그를 터키로 보냈다. 호메이니는 11개월 뒤인 1965년 10월 6일 두 번째 망명지인 이라크의 나자프로 보내졌고 그곳에서 13년 동안 망명생활을 했다.

호메이니는 1971년 나자프에서 두 번째 저서인 『이슬람 정부』를 출판

이란 테헤란 북부 자말란에 위치한 호메이니의 집.

했다. 이 책은 1970년 1월과 2월에 발표한 강연을 토대로 만든 것으로, 주된 내용은 반식민주의자로서의 호소문이었다.

"이것이 우리의 현실이다. 외국인들은 선전과 그 선전원을 통해 이러한 상황을 꾸며냈다. 그들은 이슬람의 정치적·법적 규정을 실행하지 못하게 하는 한편 이슬람의 규정을 유럽인들의 규정으로 바꾸어놓았다. 이렇게 이슬람의 영역을 약화시켜 이슬람 사회로부터 무슬림들을 떼어놓았다. 그들은 자신의 앞잡이들이 권력을 장악할 수 있게 만들었다."

"지금까지 우리는 제국주의가 얼마나 파괴적이며 부패한 역할을 했는지 알고 있다. 우리 내부의 일부는 제국주의의 물질적 진보 앞에서 눈이 멀어버렸던 것이다."

"제국주의자들은 다양한 선전을 펼쳤다. 이슬람에는 정부도 없고 통치기구도 없다. 설령 법이 있다 하더라도 입법뿐이어서 현실적으로 이법을 실시할 수 없다. 분명한 사실은 이 모든 것이 이슬람 정부의 정치활동과 업무를 방해하려는 제국주의자들의 음모라는 것이다."

"제국주의자들은 300~400년 전 아무것도 없는 무에서 출발해 오늘에 이르렀다. 우리도 무에서 출발하자. 우리는 제국주의의 하인으로 무릎 꿇은 몇몇 국가를 무시해야 한다."

"나자프나 콤의 한구석에 머물러 있는 아쿤드^{Akhund}(성직자를 조롱하는 용어)는 정치에서 멀어져 여성의 생리와 출산 같은 문제에만 골몰하고 있다. 그들은 종교가 정치와 분리되어야 한다고 주장한다. '정교분리'라는 구호는 제국주의자들에 의해 만들어지고 전파된 것이다. 예언자 시대에 정치와 종교가 분리되었던가? 비록 정당하지 않았지만 칼리프 시대에 정치와 종교가 분리되었던가? 두 개의 분리된 권력이 있었던가? 제국주의자들과 그들의 정치적 앞잡이들은 무슬림 공동체를 종교로부터 분리시키려는 목적을 가지고 있다. 그들은 한편으로는 이슬람 학자들 간에 분열을 조장하고 있고 또 다른 한편으로는 자유와 독립을 위한 대중과 성직자들의 투쟁을 저지하려 한다. 그들의 최종 목표는 우리 대중을 억누르고 우리의 자원을 약탈하는 것이다."

"만약 우리 무슬림들이 그저 기도만 드린다면 제국주의자들과 그 앞잡이들이 우리를 그냥 내버려둘까? 저들이 우리의 모든 것을 약탈하도록 허용하면 안 된다. 신은 저런 놈들을 벌주실 것이며 우리는 앞으로 보상받을 것이다. 만약 이것이 우리의 논리라면 저들은 우리를 방해하지 못할 것이다."

"한때 이라크를 점령했던 한 영국군 장교가 이런 질문을 했다. '나는 미나렛(모스크의 첨탑)에서 들려오는 아잔 소리(기도시간을 알리는 소리)를 듣고 있는데 이 소리가 영국의 통치에 어떤 위험성을 내포하는 것일까?'

내가 '아니다'라고 답하자 그는 이렇게 말했다. '성직자가 하고 싶은 대로 얘기하게 내버려둡시다!'라고 말이다."

호메이니의 반식민주의에 관한 연설은 주로 영국을 반대하는 내용이었다. 그 연설들은 제2차 세계대전 이전까지 이란과 이라크에서 전개된 영국의 정책에 대한 반발이었다. 하지만 제2차 세계대전 이후 호메이니의 비판은 영국에서 미국으로 옮겨갔다. 미국의 중동 개입이 본격화되면서 호메이니는 미국을 서구 가치의 수호자로 규정했다. 호메이니는 최후 심판의 날과 내생을 지향하는 침묵하고 수동적인 시아파를 비판하면서, 단순히 숨은 이맘의 재림을 기다릴 것이 아니라 혁명투쟁을 통해 마흐디의 부활을 앞당겨야 한다고 주장했다.

호메이니는 군주제를 반이슬람적이고 심지어 불경스러운 제도라고 선언했다. 이는 단지 팔레비 왕정에만 적용되는 것이 아니라 군주제 그 자체에 대한 저항 선언이었다.

"군주제와 세습제는 이슬람과 아무런 관련이 없다. 이슬람은 이란, 비잔티움 제국, 이집트 및 예멘에서 발발한 군주제를 폐지하는 전쟁에서 시작되었다. 예언자는 비잔티움 제국의 헤라클리우스와 이란의 샤한샤에게 편지를 보내 제국주의적인 통치방식을 버리고 신의 하인들에게 군주들을 숭배하고 절대 복종하도록 강요하는 것을 중단하라고 권고했다."

"후세인이 벌인 카르발라 투쟁은 군주제의 비이슬람적인 원리에 대한 저항이었다. 이맘은 우마이야 왕조의 칼리프에게 존경을 표하면서 왕조의 통치를 인정해왔지만 그것이 군주제와의 타협을 뜻하는 것은 아니었다. 결국 이맘은 다음 세대를 위한 모델로 전투에 참여해 스스로 희생하고자 했다."

"이맘들은 또한 전사였다. 그들은 헬멧과 갑옷을 입고 칼을 두어 그 시

이란 테헤란 북부 자말란에 있는 호메이니 갤러리. 1998년 호메이니를 추모하기 위해 만든 곳으로, 호메이니의 작품과 사진, 그림이 전시되어 있다.

대의 어둠과 투쟁했다."

하지만 호메이니는 이맘의 은폐기 동안 무슨 일이 일어났는지에 대해 질문했다. "더 많은 문제들을 명확히 하기 위해서는 다음과 같이 질문할 수 있다. 소은폐기 이후 현재까지 1000여 년이 흘렀다. 이맘이 다시 나타날 때까지는 아마도 10만 년도 더 걸릴 것이다. 그동안 이슬람법은 도대체 어떻게 되는 것일까? 아무런 성과도 없이 그대로 멈춰 있을 것인가? 모두가 하고 싶은 대로 하면 될 것인가? 무정부 상태가 되는 것인가?"

호메이니가 구상한 이맘을 위한 정의의 왕국은 '이슬람법학자 통치', 즉 신의 계시와 의지를 구현할 수 있는 이슬람법학자가 통치를 하는 왕국을 의미한다. "그 결과 이슬람법을 시행하고 그 질서를 유지하기 위해서는 이슬람법학자가 집단적으로나 개별적으로 정부를 수립할 필요가 있다. 이러한 업무가 한 사람의 능력에 해당한다면 그 사람은 개별적으로 그 일을 성취할 임무를 지니고 있으며, 그렇지 않으면 그 업무를 집단적으로 수행해야 한다. 설령 그렇지 않은 경우가 있더라도 그 일에 관한 이슬람법학자의 임무가 없어지는 것은 아니다. 왜냐하면 이슬람법학자는 신에게서 임명되었기 때문이다. 만약 그들이 자카트와 홈스 같은 종교세를 거두면 무슬림들의 복지를 위해 지출해야 하고 이슬람법에 따라 형벌도 적절하게 집행해야 한다."

호메이니는 수세기 동안 지속된 전통적인 시아파 체계를 보존하는 데에는 관심이 없었고 오히려 이 체계를 완전히 새로운 틀로 대체하기를 원했다. 기존의 관행과 차이를 보여주는 대표적인 사례는 종교세 집행에 관한 것이다. 그는 합법적으로 허용된 수입이 예언자의 후손을 돕기 위해 사용되는 것이 아니라 선을 위해 봉사해야 한다고 주장했다.

"만약 이슬람 정부가 실현된다면 홈스, 자카트, 지지야(인두세), 하라즈(토지세) 같은 종교세에 기반을 두고 운영해야만 한다."

"세예드seyyed(예언자 가문)가 그만 한 예산을 반드시 필요로 하지는 않을 것이다. 그들은 바그다드 바자르에서 얻는 수입의 5분의 1만으로도 충분한다. 그들뿐만 아니라 이슬람세계의 종교기관이나 가난한 사람들에게도 그 정도 예산이면 충분하다. 그렇다면 테헤란, 이스탄불, 카이로, 다른 도시의 바자르로부터 수입을 얻는 것이 중요한 이유는 무엇일까? 이러한 예산은 거대한 국가에 걸맞은 것으로, 위생, 교육, 국방, 경제 개발 같은 공공서비스를 제공하기 위한 목적을 가지고 있기 때문이다."

"이러한 거액의 예산은 어떻게 처리해야 할 것인가? 바다에 처넣어야 할 것인가? 아니면 이맘이 재림할 때까지 땅속에 묻어두어야 할 것인가? 50명의 세예드에게 처분해달라고 바칠 것인가? 아니면 50만 명이나 되는 세예드에게 나누어주어야 할 것인가? 그들은 그 돈을 어떻게 쓸 건지도 모르고 있는데 말이다. 세예드와 가난한 사람들에게 분배해야 할 몫은 쿠란 제8장 41절에 따라 꼭 쓸 만큼이라고 선이 그어져 있다."

호메이니의 견해는 세예드를 보살피는 것이 종교기관의 주요 업무라고 알려진 전통적인 이해관계의 기반을 무너뜨렸다. 이런 측면에서 호메이니는 이란뿐만 아니라 전통적인 시아파를 혁명화시켰다.

호메이니의 이슬람법학자 통치론은 이슬람법과 원리에 따른 사회와 그 행정기관이 필요하다고 주장했는데, 이 이론의 토대는 물라 아흐메드 나라키Mulla Ahmad Naraqi(1829년 사망)와 나이니(1936년 사망)의 학설이었다. 하지만 이 두 학자가 주장한 바는 왕과 통치자들이 정책 결정과 통치에서 시아파 이슬람법학자의 지도를 받아야 한다는 것이지, 호메이니처럼 이슬람법학자 자신이 직접 통치해야 한다는 것은 아니었다.

나라키는 「이슬람법학자의 위임통치」라는 논문에서 숨은 이맘의 은폐기 동안의 이슬람법학자의 위임통치를 정당화시키면서 이슬람법학자의 권한을 최초로 강화시켰다. 그러나 나라키는 이맘의 대리인으로 이슬람법학자가 행사하는 권한에 제한을 두었다. 즉, 그는 이슬람법학자의 권위에 세속통치권을 주지 않았다. 한편 호메이니는 이슬람법학자의 위임통치를 새롭게 해석했다. 호메이니는 "위임은 국가를 통치하고 행정할 수 있다는 것으로 이슬람법의 규정사항을 이행할 수 있음을 의미한다"라고 강조했는데, 그 근거로 제7대 이맘 무사 알 카짐의 다음과 같은 전승을 인용했다. "이슬람법학자는 예언자의 위탁자이다. 만약 이슬람법학자들이 그렇게 하지 않으면 술탄을 따르라." "이슬람법학자는 신자들 중에서 이슬람의 최후 보루이다." 호메이니는 이를 근거로 세속통치권을 포함한 모든 권위를 이슬람법학자에게 위임한 것으로 해석하고 있다.

호메이니는 이슬람법학자만이 유일하게 합법적인 지도자라고 강조했다. "이슬람정부는 이슬람법에 의한 정부이다. 통치자에게는 이슬람법

자말란 갤러리에 있는
호메이니 초상화.

의 지식이 필요하다. 실제로 그러한 지식은 통치자뿐만 아니라 정부기능을 집행하고 있는 모든 사람에게 필요하다. 만약 통치자가 이슬람 원리에 충실하다면 그는 이슬람법학자를 따르고 이슬람법과 원리를 실천하기 위해 반드시 이슬람법학자들과 의논할 것이다. 따라서 진정한 통치자란 이슬람법학자들 자신이며 통치자의 지위는 공식적으로 이슬람 법학자들의 지위가 아니면 안 된다."

호메이니는 이슬람법학자가 예언자 무함마드로부터 직접적으로 지도자의 자리를 위임받았다고 주장하면서 합법적인 지도자가 되었다고 언급했다. "'이슬람법학자는 예언자 무함마드의 신임을 얻은 자이다'라는 말이 의미하는 것은 이슬람법학자가 예언자 무함마드의 영역에 속한 일을 전부 인수할 권리가 있다는 것이다." "사람들에게는 신임할 수 있는 인간이 필요하며 이슬람법학자의 의무가 '수탁자'의 역할을 다하는 것이라는 점은 명백하다. 이슬람법학자는 그 점에서 신임을 받을 가치가 있으며, 공정한 사람이라고 말할 수 있을 것이다."

호메이니는 쿠란 제4장 59절의 "믿는 자들이여, 신께 복종하고 예언자와 너희 가운데 책임 있는 자들에게 순종하라"라는 구절을 인용해 이를 이슬람법학자가 통치하는 개념의 기반으로 삼았다. 호메이니에 따르면 "'정의로운 이슬람법학자'는 이맘의 지위와 정의의 길을 위임받았다. 따라서 이슬람법학자는 예언자 무함마드의 대리인인 것이다. 결론적으로 말하면, '숨은 이맘'의 시대에는 이슬람법학자가 이맘이며, 무슬림들의 장이다. 재판하는 권리는 그에게 귀속하며, 다른 자는 누구도 재판할 권리를 가지지 못한다". 호메이니의 이슬람법학자 통치론은 신의 독점적인 주권을 무시하고 이슬람법을 단순히 해석하거나 실행하는 차원을 뛰어넘어 이슬람법을 제정할 수 있는 권한을 이슬람법학자에게 위임한 것이다. 따라서 호메이니의 이론에서 이슬람법학자는 합법적인 주권자이다. 이는 전통적인 이슬람법학자의 권한을 초월하는 것이다.

호메이니는 종교의 역할을 기존 질서에 대한 저항과 투쟁으로 규정했다. 호메이니는 이란 사회를 두 그룹으로 나누었다. 소수의 억압하는 사람들과 다수의 억압받는 사람들, 그리고 이러한 차별의 형태는 제국주의자들의 정치적 대리인을 통해 부과되며 부당한 경제 질서로 나타난다고 결론지었다. 호메이니는 성직자의 의무를 억압받는 자들을 돕고 억압하는 자들의 적이 되는 것이라고 강조했다.

이슬람혁명은 팔레비 왕정체제와 시아파의 정체성을 둘러싼 갈등구조로 해석할 수 있다. 팔레비 왕조의 샤는 서구, 특히 미국에 대한 의존을 바탕으로 독재정치와 세속적인 정책을 추진했다. 반면에 이란 국민들은 자주적인 이슬람공화국을 추구했다. 이슬람혁명에서 시아파의 정체성은 이데올로기의 역할을 수행했고 사회적 봉합체로도 작용했다. 팔레비 왕조와 종교 기관 사이에는 사회적이고 정치적인 갈등이 존재했으며, 샤의 권위는 성직자의 권위와 충돌하곤 했다. 이란 국민들의 관심은 독립적인 종교적 정체성을 인정받는 것이자 독재정치로부터 해방되는 것이었다. 이러한 내용은 이슬람혁명에서 '자주, 자유, 이슬람공화국'이라는 구호로 나타났다. 이란 국민들에 따르면, 이슬람혁명의 목표는 팔레비 왕정체제를 종식시키고 이슬람공화국을 수립하는 것이었다. 이란 국민들은 이슬람공화국이 동양과 서양의 정치사상이나 체제에 의존해서는 안 되고 또한 이를 모방해서도 안 된다고 주장했다.

1979년 발발한 이슬람혁명의 이념적 토대는 알리 샤리아티가 주장한 급진적 이슬람과 호메이니가 해석한 전투적 이슬람이었다. 두 이론은 시아파 교리 해석에서 새로운 문제를 제기했고 정치와 종교의 관계를 재정립했다. 샤리아티가 해석한 유토피아는 평등한 무슬림공동체로, 울라마의 절대권을 허용하지 않는 반면, 호메이니가 해석한 유토피아는 숨은 이맘의 대리인인 울라마에 의해 지배되는 이슬람국가였다. 샤리아티의 이데올로기는 사회질서를 급진적으로 변화시키기 위한 청사진이었고, 호메이니의 이데올로기는 주로 기존 질서의 정치적·문화적 변화를 위한 설계였다.

이슬람혁명 이후 수립된 이란이슬람공화국 체제에서는 노선을 둘러싸고 크게 3개의 진영으로 재조직되었다. 첫째 진영은 시장 상인들과 상점주의 이해관계뿐만 아니라 전통주의 울라마의 이해관계까지 지지하는 사람들 및 전통주의적 이슬람법학을 옹호하는 사람들로, 보수주의자, 우파주의자, 또는 제1노선자라고 불린다. 둘째 진영은 실용주의적 방법을 옹호하며 현대세계에서 정권의 생존에 관심이 있는 사람들로, 중도주의자, 개혁주의자, 또는 제2노선자라고 불린다. 셋째 진영은 가난한 사람들의 대의를 옹호하며 혁신적, 역동적, 그리고 진보적 이슬람법학을 옹호하는 사람들로, 급진주의자, 좌파주의자, 이맘(이맘 호메이니) 노선 추종자, 또는 제3노선자라고 불린다. 제1노선 진영은 경제활동에서 민간부문의 활발한 참여를 지지하며 이슬람의 무제한적 개인 소유와 경제적 자유주의를 강조하는 한편, 문화 문제에 대해서는 반동 노선을 취한다. 제2노선 진영은 신흥 중산계급의 전문가 및 관료주의 집단의 실용주의 노선을 대표하는데, 현대사회에 대한 적응과 더불어 혼합경제를 기초로 전후 이란의 재건을 최우선 과제로 삼고 있다. 제3노선 진영은 국가 주권주의와 분배의 정의를 옹호하며 대외무역의 국영화, 농경 토지 소유 규모 규제, 점진적인 노동법, 국가의 더욱 엄격한 민간부문 통제를 지지한다.

종교적 권위와 정치적 권위를 결합한 최고지도자 모델

전통적인 시아파에서 최고지도자Rahbar-e Moazzam 모델은 존재하지 않는다. 최고지도자의 지위는 호메이니에 의해 만들어진 새로운 모델로, 혁명적인 혁신이었다. 호메이니의 이슬람법학자 통치론은 사실상 이슬람법을 올바르게 해석할 수 있는 이슬람법학자에 의한 통치를 의미하며 이맘의 은폐기 동안에는 이슬람법학자를 이맘의 대리인으로 보았다. 이슬람법학자 통치론은 최고지도자를 통해 구체화되었는데, 이란에서 최고지도자는 혁명지도자Rahbar-e Enqlab, 최고이슬람법학자Vali-ye Faqih와 일반적으로 동의어로 사용된다. 헌법 제5조는 "제12대 이맘의 부재 시 움마Ummah(이슬람공동체)는 그 시대 상황에 정통한 공정하고 독실하며 용감하고 책략이 풍부하며 행정능력이 있는 최고지도자에게 위임한다"라고 규정하고 있다. 이는 최고지도자가 사실상 제12대 이맘의 대리인이고 실질적인 국가통치권을 가지고 있음을 의미한다. 호메이니는 시아파의 이맘이 아니었음에도 불구하고 숨은 이맘의 대리인 역할을 수행하게 되었다. 이란에서는 호메이니를 공식적으로 이맘이라 부르고 있다. 테헤란 남부에 위치한 호메이니의 무덤은 그가 이맘과 거의 같은 지위를 가지고 있음을 보여준다. 황금 돔과 4개의 첨탑은 카르발라에 있는 제3대 이맘 후세인의 성지를 그대로 재현한 것인데, 규모는 그보다 훨씬 크다. 첨탑의 높이는 91m인데, 그 이유는 그가 사망했을 때의 나이가 91세였기 때문이다.

전통적으로 파트와는 무프티mufti라는 권위자가 내리는 이슬람법과 교리에 대한 개인적인 법적 견해나 결정을 의미한다. 따라서 서로 다른 파트와도 나올 수 있으며, 신자 중 어느 누구도 특정한 파트와를 이행해야 할 의무는 없다. 그러나 최고지도자의 파트와는 일반적이지 않고 권위를 가지며 절대 복종해야 한다. 1989년 2월 14일 호메이니는 「악마의 시」저자인 살만 루시디와 출판자에게 사형선고라는 파트와를 내렸다. 카이로에 있는 알 아즈하르대학교의 성직자 셰이크는 호메이니가 내린 파트와가 불법이며 반이슬람적이라고 비난했으나, 시아파들은 호메이니의 파트와를 의무사항으로 받아들여 그들을 사형에 처했다. 1991년 7월에는 「악마의 시」를 번역한 이탈리아의 에또레 카르리올로가 습격당했고, 일본에서 이 시를 번역한 이가라시 히토시는 살해당했다. 호메이니의 통치는 절대적이고 무조건적이었다. 그의 말은 곧 법이었다. 호메이니의 후계자가 된 제2대 최고지도자 하메네이는 "이슬람법학자가 자신의 이익을 위해 행동하는 것을 독재자라고 일컫는 것은 오해의 소지가 있는

이란 테헤란 남부에 있는 호메이니 무덤. 한 이란인이 호메이니 무덤에서 소원을 빌고 있다.

해석이다. 신의 이름으로 행동하는 사람은 독재자가 아니다"라고 하면서 최고지도자의 절대성을 강조했다.

최고지도자는 전문가회의에서 선출한다. 콤을 기반으로 한 전문가회의는 국민들이 선출하는 고위성직자로 구성된 기구로 최고지도자를 선출하고 해임할 수 있는 막강한 권력을 가지고 있으며, 임기는 8년이다. 전문가회의는 헌법 제107조에 따라 최고지도자를 선출하며 헌법 제111조에 따라 최고지도자를 해임할 수 있다. 헌법 제107조는 최고지도자의 자격요건을 언급하고 있다. "마르자에 타클리드이자 혁명지도자인 이맘 호메이니처럼 대다수 국민들로부터 최고지도자로 받아들여지는 경우 그가 최고지도자가 된다. 최고지도자는 국가에 관한 모든 권한과 책임을 부여받는다."

전문가회의는 최고지도자가 임무를 완수하지 못할 경우, 직무를 수행하는 데 필요한 자격들을 상실한 경우, 처음부터 그러한 자격을 보유하지 못한 것으로 밝혀지는 경우에는 최고지도자를 해임할 수 있다. 최고지도자가 해임될 경우에는 대통령, 법무 분과 위원장, 헌법수호위원회의 이슬람법학자로 구성되는 전문가위원회 지도부가 그 직무를 맡는다.

1980년 제정된 전문가회의의 정관에 따라 오늘날 이란의 28개 각 지방에서는 고위성직자를 선출한다. 지역 인구가 100만 명을 넘을 경우 50만 명씩 늘어날 때마다 위원을 추가로 한 명씩 더 선출할 수 있다. 전문가회의의 선거법에서는 위원의 자격조건을 다음과 같이 규정하고 있다. ① 신앙심이 있고 신뢰할 만하고 도덕적으로 결함이 없어야 한다. ② 최고지도자로서 필요한 조건을 충족하는 이슬람 법학자를 알아볼 수 있을 정도로 이슬람법학에 대한 지식이 충분해야 한다. ③ 사회적·정치적 기술이 있어야 하며 현실 문제에 능숙해야 한다. ④ 이란이슬람공화국 체제에 충성해야 한다. ⑤ 정치적으로나 사회적으로 과거 체제에 대한 반대를 선언한 적이 없어야 한다.

1985년 11월 전문가회의에서는 호세인 알리 몬타제리Hossein Ali Montazeri를 최고지도자 후계자로 선출했다. 하지만 몬타제리는 호메이니의 강경노선을 지지하지 않았다. 그는 1987년 호메이니의 정당 해체에 대해 반대 의견을 제시했으며 이후 국정 운영을 둘러싸고 호메이니와 사사건건 대립했다. 몬타제리는 1989년 3월 27일 호메이니의 제안을 수용하는 한편 사직서를 공표하면서 후계자의 자리에서 물러났다. 그의 사임 이후 6월 3일 호메이니가 사망할 때까지 전문가회의는 최고지도자의 후계자를 선출하지 않았다.

당시에는 최고지도자의 자격에 관한 논의가 본격화되었다. 호메이니는 종교적 권위(마르자에 타클리드)와 함께 정치적 리더십을 가지고 있었다. 하지만 호메이니를 위해 종교지도자(마르자에 타클리드)와 정치지도자(최고지도자)를 결합하기로 한 조치는 향후 최고지도자의 자격조건에서 많은 문제점을 야기했다. 마르자에 타클리드는 일반적으로 매우 늦은 시기에 얻는 종교적 권위라서 대다수가 여든이 넘었다. 게다가 그들 대부분은 정치 문제에 대해 부정적이거나 소극적이었다. 그들 가운데 일부만 호메이니의 혁명투쟁에 대해 존경을 표했을 뿐, 나머지 대부분은 반대했다.

상황이 이러하자 호메이니는 마르자에 타클리드와 최고지도자의 분리를 선호했고 미래 최고지도자의 자격을 재정의하려고 노력했다. 그는 헌법개정위원회에 다음과 같은 편지를 썼다. "나는 처음부터 마르자에 타클리드가 최고지도자를 위한 자격이 되어서는 안 된다고 믿었다. … 그러나 동료들이 주장했고 … 나는 이것을 받아들였다. … 나는 이 조항이 시행될 수 없다는 것을 알게 되었다. … 전문가회의에서 선출되어 올바른 무즈타히드를 갖는 것으로 충분하다고 생각한다."

일부 헌법개정위원회 위원들은 이러한 호메이니의 제안을 반대했다. 그들은 종교적 권위인 마르자에 타클리드 문구를 삭제하자는 논의에 대해 회의적이었다. 마르자에 타클리드는 추종자들의 자발적인 인정에 기초를 두기 때문에 정부로부터 통제를 받을 경우 많은 어려움이 야기될 수 있다. 또한 어떤 마르자에 타클리드가 최고지도자의 파트와에 반대할 경우에는 심각한 문제가 발생할 수도 있다. 이러한 논의는 호메이니 사후 이뤄진 1989년 헌법 개정을 통해 최고지도자의 자격요건에서 마르자에 타클리드라는 단어를 삭제함으로써 일단락되었다. 1989년 6월 4일 전문가회의에서는 찬성 60표, 반대 14표로 제2대 최고지도자로 하메네이를 선출했다.

하지만 하메네이가 최고지도자로 선출된 사건은 또 다른 문제점을 야기했다. 그 시기 하메네이는 중간급 시아파 신학적 지위인 호자톨에슬람이었는데 정치적인 조치로 전문가회의를 통해 아야톨라의 지위를 받았다. 보수적인 종교계는 그의 선출에 부정적인 입장을 보였고 이란 사회도 찬성과 반대를 둘러싸고 국론이 양분되었다. 이처럼 논란이 확산되자 전문가회의는 새로운 최고지도자에게 무조건적으로 복종하는 것이 종교적 의무라고 선언했다. 호메이니가 결합시켰던 정치종교적 권위는 하메네이 시대에 사실상 분리되었고 이슬람법학자 통치론의 종교적 정당성에 잠재적인 위기가 야기되었다.

1994년 11월 30일 모함마드 알리 아라키가 사망하자 하메네이에게 종교적 권위까지 부여하기 위해 그를 마르자에 타클리드로 추대하는 움직임이 구체화되었는데, 이는 이란이 직면한 위기를 해결하기 위한 방안이었다. 하메네이의 추종자들은 일련의 설교와 공식 선언을 통해 최고지도자가 가장 높은 종교적 권위를 가져야 한다고 주장했지만 레바논, 이라크, 바레인, 심지어 이란 내부에서도 이에 대해 반발하고 있다. 이로 인해 현재 시아파의 최고위 종교적 권위인 마르자에 타클리드는 분권화되어 있는 상태이고 국가별·지역별로 다양하게 등장하고 있다.

이러한 문제점을 해결하기 위해 1989년 개정 헌법에서는 총리직을 폐지하고 부통령제를 신설하는 한편 대통령의 권한을 강화시켜 최고지도자와 대통령 간의 상호 협조와 균형을 추진했다. 하지만 8년마다 이루어진 정권 교체를 통해 최고지도자의 지위와 역할이 점차 변하고 있다. 중도파인 아크바르 하셰미 라프산자니Akbar Hashemi Rafsanjani는 1989년부터 1997년까지 제5대, 제6대 대통령을 역임했는데 재임 기간 동안 전문 관료 출신을 대거 등용하면서 이란 사회의 새로운 변화를 추진했다. 이슬람혁명 이후 이란의 내각에서는 성직자와 비성직자 간 역할이 분담되었지만 라프산자니 내각에서는 성직자에 의해 전문 관료와 비전문 관료가 조정되는 현상이 나타났다. 이슬람지도성, 사법성, 내무성 및 정보성 같은 정치 부서는 성직자 관료가 담당했고, 건설성, 국방성, 에너지성, 주택성, 산업성, 광업성, 석유성, 체신성 및 교통성 같은 부서는 전문 관료를 임용했다. 하지만 집권 2기 후반기에는 개혁·개방 노선을 둘러싸고 라프산자니와 하메네이가 불협화음을 보였다.

개혁파 모함마드 하타미Mohammad Khatami는 1997년 대선에서 압도적인 지지로 당선되어 2005년까지 제7대, 제8대 대통령을 역임했다. 하타미의 당선은 이슬람혁명 이후의 커다란 변화를 의미하는 것으로, 폐쇄사회와 통제경제에 대한 개혁을 반영하는 것이라고 볼 수 있다. 그러나 이란 젊은이들은 개혁조치의 즉각적인 실시를 주장하면서 거리로 뛰쳐나왔다. 1997년 7월 9일 테헤란 대학가를 중심으로 대학생들은 '자유'와 '독재 타도'를 주장하면서 시위를 벌였다. 7·9 학생운동은 이슬람혁명 이후 등장한 최초의 반정부 시위였다.

이런 상황에서 보수파는 이슬람체제를 유지하고 강화시키기 위해 보다 강력한 신정체제가 필요해졌다. 보수파 마흐무드 아흐마디네자드 Mahmud Ahmadinejad는 군부와 민병대의 지지 기반을 바탕으로 2005년 제9대 대통령으로 당선되어 대외적으로는 핵 주권론을 주장하면서 서방세계와 대립했고, 대내적으로는 강력한 이슬람사회를 주창하면서 이슬람혁명정신은 사회정의라고 규정했다. 또한 아흐마디네자드는 개혁파와 중도파는 이슬람의 가치를 훼손하는 세력이라면서 철저히 탄압했다. 아흐마디네자드는 1979년 11월 4일 미국 대사관 점거를 주도했던 학생운동단체의 일원이었다. 또한 이란 – 이라크전쟁에 자원해 혁명수비대 특수부대의 고위 장교로 활동했으며 전쟁 이후에는 이슬람민병대에서 활동했다. 이런 경력으로 인해 그의 주요 지지 기반은 군부와 민병대이다. 1979년 이슬람혁명 이후 성직자들이 모든 실질적 권력을 장악해왔지만, 성직자

(라프산자니)와 군부(아흐마디네자드)의 대결에서 아흐마디네자드가 승리한 것은 군부의 정치 개입과 영향력 확대를 상징한다. 2009년 6월 12일 제10대 이란 대통령선거에서 아흐마디네자드는 재선에 성공했다. 하지만 부정선거 의혹을 둘러싼 갈등은 지금도 진행 중이다.

2009년 6월 12일 제10대 대통령선거 이후 벌어진 부정선거 규탄 시위운동은 1979년 이슬람혁명 이후 최대 규모였다. 1979년 이슬람혁명과 비교하면 2009년 6월 시위는 매우 인상적이었다. 2009년 대선 이후 시위는 사람들이 대규모로 참여했다는 점에서는 과거 이슬람혁명의 마지막 단계와 비슷했으나, 군중 참여가 빠르게 이루어졌다는 점에서는 커다란 차이가 있었다. 1979년 이슬람혁명 당시에는 테헤란에서 대규모 시위를 조직하기까지 대략 1년이 걸렸다. 반면, 2009년 6월 12일 대선 이후에는 수백만의 군중이 순식간에 조직되어 시위대에 합류했다.

1979년 이슬람혁명의 최종 단계에서와 마찬가지로 국가는 시위자들의 유일한 공격 목표가 되었다. 오로지 국가를 대상으로 한 시위의 빠른 확산과 거대한 규모는 국민과 이슬람공화국 지배층 사이의 커다란 골을 드러내주었다. 시위대들의 구호는 초기에는 투표와 독재에 관련된 것이었지만 점차 극단적으로 바뀌었다. 이러한 현상은 일반적으로 혁명운동의 마지막 단계에서 나타나는 전개 과정이다. 일부 대도시에서는 시위대가 "독재자에게 죽음을!"이라고 외쳤는데, 이는 1979년 이슬람혁명의 마지막 단계에 등장했던 "샤에게 죽음을!"이라는 구호를 연상시켰다. 시위대는 특히 아흐마디네자드를 목표로 삼았다. 그가 시위대를 "먼지와 흙"으로 격하시킨 것을 표적으로 삼았던 것이다. 일부 시위대는 "먼지와 흙의 서사시"가 쓰인 커다란 현수막을 들기도 했고, 어떤 시위대는 "네가 먼지이고 흙이다. 네가 이 땅의 적이다"라는 구호를 외치기도 했다. 또한 시위대는 "내 표는 무사비에게"라고도 외쳤다.

개혁 성향의 대통령 후보인 미르 호세인 무사비Mir Hossein Mousavi는 추종자들에게 밤중에 지붕 꼭대기에서 "신은 위대하다고 외치자"라고 촉구했고 시위대의 구호는 점차 극적으로 전개되었다. 일부 시위대는 1979년 이슬람혁명 시기의 노래 한 구절을 외치기도 했다. "네가 조국의 젊은이를 죽였구나, 슬프고 애통하다. 네가 수천의 사람들을 수의 속에 넣었구나, 슬프고 애통하다. 너에게 죽음을, 너에게 죽음을." 또 다른 구호들은 나아가 이슬람공화국 전체를 겨냥했다. "독재자야, 독재자야, 이것이 마지막 메시지이다. 이란의 푸른 백성들이 일어날 준비가 되었다." 일부 시위대는 "자주, 자유, 이슬람공화국"이라는 가장 대중적인 혁명 구호를 외치기도 했다.

대선 이후 이란 국민들의 평화로운 대규모 시위는 용납되지 않았다. 6월 19일 하메네이 최고지도자가 연설한 이후 정부가 강경 대응하자 부정선거를 규탄하는 시위운동은 실패로 끝났다. 하지만 이 운동은 녹색운동으로 이어졌다. 녹색운동은 2009년 6월 대통령선거 이전과 이후에 일어난 국민들의 운동을 지칭하는 명칭이다. 녹색운동은 개혁파 후보 무사비의 상징색이었다. 무사비는 이란 선거운동 사상 처음으로 상징색을 도입했는데, 녹색은 믿음을 의미하며 성직자를 상징하는 색이었다. 이는 이슬람의 가치를 변함없이 지켜갈 것이라는 정치적 메시지를 함축하고 있었다. 녹색운동에는 다양한 이해관계를 가진 그룹이 참여했지만 녹색운동의 핵심 리더십은 보수적이었으며 이란의 민주화가 오직 이란 헌법의 틀 내에서 이루어져야 한다고 믿고 있었다. 녹색운동은 어떤 범위에서는 기존 헌법을 수호하기 위한 운동이자 군부의 보호를 받아 주요 경제 기관들을 지배하는 소수 집권층에 대한 저항으로 특징될 수 있었다. 녹색운동으로 인해 최고지도자의 권위는 심각하게 훼손되었다. 최고지도자는 이슬람공화국 체제의 상징이자 이슬람법학자 통치론을 구체적으로 실현시킨 지위이다. 그러나 녹색운동으로 인해 최고지도자의 입지는 이슬람체제의 헌법적이고 중재자적인 역할에서 절대적인 독재 지도자로 변화되었다.

이란의 녹색운동은 1979년 이슬람혁명 이후 최대 규모의 시위였다. 이 운동은 부정선거를 규탄하는 시위운동에서 시작했지만 점차 자유롭고 개방적인 이슬람공화국 체제를 수립하는 저항운동으로 발전했다. 이 과정에서 기존의 이슬람주의와는 다른 포스트 이슬람주의가 등장했다. 이슬람주의란 이슬람의 교리를 현실세계에 구현하고자 이슬람법에 따라 이슬람국가를 수립하기 위한 정치운동과 그 이데올로기로, 종교와 사회적 책임을 결합시킨 것이다. 반면에 포스트 이슬람주의는 종교와 개인의 권리를 강조하고 있다. 이는 이슬람 내에서 보다 자유롭고 개방적인 사회를 추구하는 새로운 이슬람 정치실험을 의미한다. 이는 2013년 6월 제11대 이란 대통령선거에서 중도파인 하산 로하니Hassan Rouhani가 당선되는 결과로 나타났다.

로하니가 당선된 가장 중요한 요인은 중도파와 개혁파의 연대를 통한 후보 단일화였다고 볼 수 있다. 로하니는 선거 중반까지 크게 주목받지 못했지만 투표일을 사흘 남겨놓고 극적인 드라마가 연출되었다. 개혁파 후보 무함마드 레자 아레프Mohammad Reza Aref가 사퇴한 데 이어 개혁파 하타미 전임 대통령과 중도파 라프산자니 전임 대통령이 로하니를 지지하는 선언을 하자 로하니가 급부상했던 것이다. 반면에 보수파 진영은 후보 단일화에 실패하면서 주도권을 빼앗겼다. 가장 중요한 특징은 새로운 연대가 형성되어 향후 이란 정치 지형이 재편될 가능성이 매우 높아졌다는 사실이다. 로하니의 당선은 개혁파와 중도파의 연대뿐만 아니라 일부 보수파의 결합을 통해 이루어졌으며 향후 새로운 연대 가능성도 제기되고 있다. 보수파의 한 축을 형성하고 있는 알리 아크바르 나테크 누리[Ali Akbar Nateq Nuri]와 그의 지지 세력이 로하니 진영에 결합했기 때문이다.

로하니가 당선된 또 다른 요인은 현재의 강경파 정부에 대한 심판이라고 볼 수 있다. 아흐마디네자드 정부는 서방에 대해 강경책 일변도를 취하면서 불필요한 마찰을 일으켰고, 이 과정에서 이란경제는 커다란 위기에 봉착했으며 실업난과 인플레이션이 가속화되었다. 로하니 당선의 마지막 요인은 그가 후보 가운데 유일한 성직자였다는 데서 찾을 수 있다. 그의 신분은 일부 보수층까지 끌어안으면서 다양한 지지 세력을 결합시키는 요인으로 작용했다.

로하니는 당선 직후 극단주의에 대한 온건파의 승리라고 선거 결과를 평가했다. 2009년 대선에서 좌절된 개혁파의 녹색운동이 2013년 대선에서는 보라색운동으로 나타났다. 로하니의 상징인 보라색은 억압과 차별에 대한 저항과 자유와 평등을 의미한다. 그는 선거 공약으로 여성부 신설, 소수민족 인권보호, 언론 자유를 언급하면서 새로운 개혁을 강조했다. 2013년 대선은 8년 만에 보수강경파에서 중도개혁파로 정권 교체가 이루어진 중요한 사건이라고 볼 수 있다.

제11대 이란 대통령선거는 실제 라이벌 하메네이와 라프산자니 간의 오랜 권력투쟁의 결과라고 볼 수 있다. 1996년 라프산자니는 보수파 진영에서 나와 중도파를 조직했고 이후 하메네이와 첨예하게 대립했다. 특히 2013년 5월 21일 헌법수호위원회는 제11대 대통령 후보로 등록한 라프산자니의 후보 자격을 박탈하기도 했다. 로하니가 당선된 이후 라프산자니는 공개적으로 하메네이를 공격하기 시작했다. 7월 20일 라프산자니 사무국은 이란-이라크 전쟁 휴전 협정일을 기념해 유엔 안보리 종전 결의안 제598호를 받아들인 내용을 공개했다. 라프산자니는 "호메이니가 이란 정권을 위해 독 성배를 마셨다고 말했는데 이는 제2대 이맘 하산이 시아파들을 위해 우마이야 왕조의 무아위야에게 칼리프위를 임시 양보한 후다이비야 조약과 유사하다"라고 지적했다.

7월 21일 라프산자니는 하메네이의 극단주의 정책을 비판하면서 "우리는 세계와 분쟁만 할 수 없다. 세계와 이란의 관계를 개선시키는 방법을 생각해야 한다. 극단주의 사상은 이슬람혁명의 모든 단계에서 자주성을 위한 국민들의 요구를 방해한다"라고 주장했다. 7월 21일 하메네이 최고지도자는 정부 관계자들을 만난 자리에서 미국과의 직접 대화를 주장하는 라프산자니의 입장을 인정한다면서, 미국과 대화를 할 수는 있지만 미국과의 대화에 주의해야 한다고 촉구했다. 또한 그는 미국 정부를 믿을 수 없다고 밝혔다. 9월 17일 하메네이 최고지도자는 이란혁명수비대 사령관 회의에서 미국과의 접촉을 확대하려는 대통령의 결정은 잘못된 것이 전혀 없다면서 미국과의 관계 개선을 사실상 승인했다.

2017년 5월 19일 제12대 이란 대통령선거에서 로하니 이란 대통령은 과반 이상인 57%를 득표해 결선 투표를 거치지 않고 연임에 성공했다. 2017년 대선은 그 어느 때보다도 전 세계의 관심이 매우 높았던 선거였다. 이러한 관심이 쏟아진 이유는 이 선거의 결과가 단순히 이란 국내 정세뿐만 아니라 미국과 이란의 관계, 시리아 내전, 예멘 내전, IS와의 전쟁 등 향후 중동정치 지형의 변화에 큰 영향을 줄 것이기 때문이었다. 당초 로하니 이란 대통령의 재선은 매우 낙관적이었다. 1979년 이슬람혁명 이후 대통령선거에서 현직 대통령은 해임된 제1대 아볼 하산 바니사드르Abol Hassan Bani Sadr 대통령과 사망한 제2대 무함마드 알리 라자이Mohammad

Ali Rajai 대통령 두 번의 예외를 제외하고는 항상 재선에 성공했고 이는 재선불패라는 명제가 되었다. 그러나 미국 대통령선거에서 트럼프가 당선된 이후 미국 내에서 대이란 강경책이 부상했고, 이란 내부에서도 보수 강경파의 강한 반발로 인한 내부 권력투쟁이 심화되고 있었다. 2017년 3월 21일 하메네이 최고지도자가 이란 신년사에서 2017년을 '저항경제의 해'로 선언하면서 현재 이란이 심각한 경제 문제에 직면해 있는데 그 원인이 로하니의 경제정책 때문이라고 공개적으로 비판한 것은 그러한 반발의 한 사례이다.

2013년 개혁파와 중도파는 보수파와 강경파를 상대로 연합해 로하니라는 단일 후보를 배출했고 로하니는 예상을 깨고 압도적인 승리를 거두었는데, 당시 그는 후보 중 유일한 성직자였다. 이란의 근현대사에서 성직자는 사회정치운동에서 결정적인 역할을 해왔다. 1891년 담배 불매운동 때에는 하산 시라지가 있었고 1979년 이슬람혁명 때에는 호메이니가 있었다. 2013년 대선에서 로하니에게는 라프산자니를 비롯한 고위급 성직자가 강력한 후원자가 되었다. 따라서 단일 후보와 성직자라는 두 가지 요인은 일부 보수층까지 끌어안으면서 다양한 지지 세력을 결합시켜 로하니의 압승이라는 결과로 나타났다. 하지만 2017년에는 2013년 대선 때와는 다른 여러 변수가 존재했다. 2016년과 2017년 연이어 아바스 바에즈 타바시Abbas Vaez Tabasi, 압둘카림 무사비 아르데빌리Abdulkarim Musavi Ardebili, 라프산자니가 사망함에 따라 과거부터 이어지던 고위급 성직자의 지원이 크게 약화되었기 때문이다.

2017년 대선에서 38%를 득표한 보수파 후보 에브라힘 라이시Ebrahim Raisi는 외부 세계뿐 아니라 이란 내부에서도 대중적으로 잘 알려져 있지 않은 인물이다. 그는 시아파 호자톨에슬람(중간급 성직자)임에도 불구하

레바논의 수도 베이루트에 있는 한 건물로, 1996년 4월 이스라엘의 폭격으로 폐허가 되었다.

고 마샤드 금요 예배의 지도자인 아흐마드 알람몰호다Ahmad Alamolkhoda의 사위라는 이유로 보수파의 지원을 받고 있다. 하메네이는 2016년 3월 아바스 바에즈 타바시가 사망하자 에브라힘 라이시를 제8대 이맘 사원을 관리하는 이란의 최대 종교자선단체인 아스타네 쿠드세 라자비의 제2대 의장으로 임명했다. 아바스 바에즈 타바시는 로하니의 강력한 후원자였으며 아스타네 쿠드세 라자비의 의장직을 1979년 이슬람혁명 이후 37년간 맡은 인물이었다. 장기간 의장직을 맡았다는 것은 종교사회인 이란에서 그의 영향력이 막강했음을 보여주는 것이다. 따라서 에브라힘 라이시가 이러한 의장직을 계승한 것은 그가 종교적 영향력도 갖게 되었음을 의미한다. 또한 강경파 '이슬람혁명 영속 전선Jebhe-ye Paydari-e Enqelab-Eslami'의 정신적 지도자인 메스바흐 야즈디Mesbah Yazdi도 보수파와의 전략적 연대를 주장하면서 에브라힘 라이시를 지지했다. 메스바흐 야즈디는 아흐마디네자드 전임 대통령의 강력한 후원자였으며, 2013년에는 이란 핵협상의 대표였던 사이드 잘릴리Saeed Jalili를 지원한 바 있다. 또한 에브라힘 라이시는 2006년에야 처음으로 전문가회의 위원으로 선출되었다. 전문가회의는 최고지도자를 선출하고 해임할 수 있는 권한을 가지고 있는 기구이다. 따라서 2017년 대선은 에브라힘 라이시를 국가적인 지도자로 부각시킴으로써 차기 최고지도자로 추대하려는 발판이라는 분석이 나오기도 했다. 전문가회의는 이를 위해 차기 최고지도자 선출위원회를 대선을 2년이나 앞둔 2015년에 구성했다.

하지만 2017년 대선 결과 결국 로하니가 대통령에 당선되었다. 이는 향후 4년간 이란 정국에 큰 변화를 가져올 것이며, 차기 최고지도자 후보를 둘러싼 논쟁에도 막대한 영향을 미칠 것이다. 현재 이란에서는 최고지도자를 둘러싸고 차기 최고지도자가 누가 될 것인지, 기존의 방식대로 1인 체제로 유지될 것인지 아니면 집단지도체제로 운영될 것이지 등에 대해 다양한 논쟁이 벌어지고 있다. 이는 최고지도자를 선출할 수 있는 전문가회의 선거를 통해 본질적으로 결정될 것이다. 하지만 이러한 논쟁은 이란의 미래를 결정하는 정치투쟁 및 시아파의 이론투쟁과 함께 진행되고 있다.

한편 2017년 12월 28일부터 이란의 북동부에 위치한 제2의 도시 마샤드에서는 시위가 발발했는데, 이 시위는 1주일 동안 40여 개 도시로 확산되었다. 물가 상승과 실업난 같은 경제 불만에서 시작된 시위는 처음에는 "물가인상 반대", "횡령범들을 처단하라" 같은 구호를 외쳤지만 점차 "로하니에게 죽음을", "하메네이에게 죽음을" 등을 외치며 반정부 시위로 확대되었다. 이란의 반정부 시위가 확산되자 트럼프 미국 대통령은 "이란 정부가 시위대를 탄압하면 새로운 제재를 가하겠다"라며 시위대를 적극 지지하고 나섰다. 1월 2일 최고지도자 하메네이가 이 사태를 "외부의 적" 때문이라는 공식 입장을 발표하자 대규모 친정부 시위가 벌어졌고 시위가 격렬한 지역에는 이슬람혁명수비대가 배치되었다. 1월 3일 모함마드 알리 자파리Mohammad Ali Jafari 이슬람혁명수비대 총사령관은 홈페이지 성명을 통해 "오늘 우리는 선동의 종료를 선언할 수 있다"라면서 반정부 시위가 끝났다고 주장했다.

이 시위는 기존의 시위와 커다란 차이점을 가지고 있다. 먼저 기존의 시위는 테헤란을 비롯한 대도시에서 출발했으나 이 시위는 보수적인 종교도시 마샤드에서 시작되어 지방 소도시와 농촌 지역으로 확산되었다는 점이다. 마샤드에서 시작된 시위대가 주로 사용한 구호는 "로하니에게 죽음을"이었고, 12대 대선에서 로하니의 강력한 경쟁자였던 에브라힘 라이시의 장인 아흐마드 알람몰호다는 물가 폭등을 비난하면서 반정부 시위에 참여했다. 마샤드는 에브라힘 라이시의 고향이며 아흐마드 알람몰호다는 마샤드 금요예배의 지도자이다.

앞에서도 언급했다시피 2006년 전문가회의 위원으로 선출된 라이시는 이란에서는 대중적으로 잘 알려져 있지 않은 인물이지만 2016년 3월 7일 제8대 이맘 사원을 관리하는 이란의 최대 종교자선단체인 아스타네 쿠드세 라자비의 의장으로 임명되었고, 2017년 대선에서는 보수파와 강경파의 지원을 받아 38.5%의 득표로 2위를 차지했다. 그런데 이 시위의 배후에 보수파가 있다는 주장이 제기된 것이다. 에스하크 자한기리Eshaq Jahangiri 수석 부통령은 2017년 12월 29일 "어떤 사람들은 행정부를 공격하기 위한 수단으로 경제를 이용하고 있다"면서 "무언가 뒤에서 일이 벌어지고 있다"라고 말했다. 하지만 처음에는 보수파의 지원을 받아 조직되었다 하더라도 이후에는 자발적으로 걷잡을 수 없이 확산되어 통제 불능의 상황이 된 것으로 볼 수 있다.

또 다른 차이는 시위의 중심 세력이 하층민이었다는 것이다. 이 시위는 생활필수품 가격이 폭등하자 사회경제적으로 가장 소외된 하층민들의 분노가 폭발한 것이 직접적인 원인으로, '계란 시위', '휘발유 시위'라고 부르기도 한다. 이란의 계란 가격은 12월 27일 최고 70% 올랐으며, 이란 정부는 2018년 3월 21일부터 휘발유 가격을 50% 인상할 것이라고 발표했다. 이란에는 불법 택시 영업을 하는 서민들이 많은데 그들은 자신들의 생계를 위협받을 수 있다며 반발하고 나섰다. 또한 11월 12일 이란 서부에서는 지진이 발생했는데 부실하게 지어진 국민 주택으로 인해 심각한 피해가 발생했다. 이 일을 계기로 건설업계의 비리와 공무원의 부정부패에 대해 사람들이 강력하게 항의하기도 했다.

이처럼 기존에는 대도시 중산층이 시위를 주도했다면, 2017년 발발한 이 시위는 하층민을 중심으로 확산되었다. 또한 2009년 발발한 시위는 비폭력 평화시위로 전개되었지만, 이 시위는 초기부터 폭력시위로 격화되었다. 역사적으로 이란에서 성공한 운동과 혁명은 성직자, 중산층, 상인 등 각계각층이 결합한 형태이다. 예를 들면 1891년 담배 불매운동, 1906년 입헌혁명, 1950년대 초반 석유 국유화 운동, 그리고 1979년 이슬람혁명이 대표적인 사례이다.

이 시위 이후 로하니 진영과 반로하니 진영 사이에 권력투쟁이 점차 가열되고 있다. 1월 8일 로하니 대통령은 "시민에게는 저항과 비판의 자유가 있다"면서 시아파의 금기사항인 제12대 이맘에 대해 언급했다. "어느 날 제12대 이맘이 다시 나타나면 우리도 그를 비판할 수 있다. … 심지어 예언자 무함마드는 자신을 비판하도록 허락했다. … 역사상 그 누구도 예언자보다 위에 있는 사람은 없다." 이에 대해 보수 진영의 공격과 반발이 거세어졌다. 1월 14일 콤신학교의 영향력 있는 성직자 아야톨라 모함마드 야즈디Mohammad Yazdi는 "예언자 무함마드와 시아파 이맘의 무오류성을 거부하는 것은 이슬람과 시아파 신앙에 대한 명백한 반대행위"라면서 "일부 관료들은 신앙 문제에 대해 언급하는 것을 자제하고 그 대신 생계와 관련된 문제를 해결하는 데 집중해야 한다"라고 반박했다. 1월 15일 대통령실에서는 '이맘 마흐디조차 비판받을 수 있다는 표현은 완전한 거짓말'이라는 제목으로 "대통령은 결코 그런 말을 하지 않았고 그의 연설에서 그런 의미를 추론할 수도 없다"라고 공식입장을 발표하면서 진화에 나섰다. 이와 관련된 로하니의 연설 비디오는 실제로 존재하지만, 대통령실에서는 로하니의 말은 사람들이 무오류를 비판할 수 있다는 의미이지, 사람들의 행동이 합법하다고 정당화하는 것은 아니라고 설명했다. 1월 17일 그랜드 아야톨라 나세르 마카렘 시라지Naser Makarem Shirazi는 "완전무결한 이맘은 우리의 레드라인이다. 시아파 신앙의 원리는 이맘만이 실수나 잘못에서 자유롭다는 것이다"라고 선언했다.

그렇다면 로하니는 자신이 성직자이고 이 주제가 종교계에서 민감한 문제라는 사실을 알고 있음에도 불구하고 왜 이와 같은 논쟁거리를 제공했을까? 로하니의 의도는 유연한 종교 입장을 보임으로써 이란 내부의 갈등과 불만을 수용하고 더 나아가 지지 기반을 확대하려는 것이라고 볼 수 있다.

반면에 2017년 대선에서 로하니의 경쟁자였던 에브라힘 라이시의 행보도 점차 빨라지고 있다. 그는 2018년 1월 26일에는 시리아를, 1월 28일에는 레바논을 방문해 헤즈볼라의 최고지도자 하산 나스랄라Hassan Nasrallah와 레바논 국회의장이자 아말AMAL 지도자인 나비 베리Nabih Berri를 만나고 1월 30일에는 레바논-이스라엘 국경선을 방문함으로써 자신의 입지를 강화했다. 그는 헤즈볼라 전사들에게 다음과 같이 말했다. "우리는 오늘날 헤즈볼라가 이슬람 국가들에 미치는 영향력을 본다. 팔레스타인 군사들은 이 전쟁터에서 희망으로 가득 차 있다. 저항운동 덕분에 팔레스타인은 지금까지 이스라엘과 맞서 싸울 수 있었고 자국의 운명이 협상 테이블이 아니라 확고부동한 투쟁에서 결정된다는 사실을 알게 되었다. 헤즈볼라의 투쟁과 노력으로 이슬람 국가들에서 굳건함과 저항이 확립되었다. 인샬라, 우리는 곧 예루살렘의 해방을 목격할 것이다."

2018년 2월 11일 로하니 대통령은 이슬람혁명 39주년 기념식 연설에서 헌법 제59조를 언급하며 정치적 혼란을 종식시키기 위해 국민투표를 제안했다. 그는 "이슬람혁명 40주년을 맞는 다음 해가 화합의 해가 되길 바란다. 보수파, 개혁파, 중도파를 비롯한 모든 정당과 모든 국민이 화합하길 원한다"라고 말했다. 그는 "우리는 사람들을 믿어야 한다. 우리는 선거에 모든 정치 성향의 사람들이 참여하도록 허용해야 한다"라고 전했다. 이어 "지난 39년간 우리는 많은 분야에서 진척을 이뤘지만 부족한 부분도 있다. 아마도 의사결정 부분일 것이다. 우리는 국민과 투명하게 대화하지 못했다"라고 지적하면서 헌법수호위원회를 비판했다. 12명으로 구성된 보수적인 헌법수호위원회는 최고지도자가 임명하는 이슬람법학자 6명과 사법부 수장이 국회에 추천해 국회가 임명하는 6명으로 구성된 조직으로, 막강한 권력을 가지고 있다. 로하니의 국민투표 제안에 보수파가 일제히 공격에 나서면서 이란 내부는 새로운 정치 이슈에 휩싸였다.

보수 성향의 일간지 ≪카이한≫의 편집장이자 보수파 사상가인 호세인 샤리아트마다리Hossein Shariatmadari는 2월 12일 "대통령의 국민투표 제안은 2월 11일 대규모 집회에 참여한 수백만 군중에 대한 불만을 표시한 것이다. 수백만 군중은 혁명의 기초와 이슬람 체제를 강조했다. 수백만 군중들이 참여한 대규모 집회는 국민투표를 통해 이슬람 정치 체제를 찬성한다고 밝힌 것과 같은 의미를 지니고 있다"라고 썼다. 우리는 앞으로 이란에서 들려오는 소식에 귀를 기울일 필요가 있다.

[이란 외부의 시아파]

흔히 이란을 '수니파의 바다에 떠 있는 시아파 섬'이라고 부르지만 시아파는 다양한 곳에 거주하고 있다. 특히 이라크, 레바논, 시리아, 예멘은 시아파 문제가 현재 정치 갈등의 중심을 이루는 대표적인 국가라고 볼 수 있다.

이라크

이라크는 시아파의 근원지로, 현재 전체 인구의 약 65%가 시아파이다. 수니파는 수적으로 열세임에도 불구하고 16세기 이후부터 이라크를 지배해왔고 이는 2003년 이라크 전쟁으로 사담 후세인 정권이 무너질 때까지 이어졌다. 이라크에는 열두 이맘 가운데 여섯 이맘의 무덤이 위치해 있는데 이는 시아파의 상징이 되었다. 특히 나자프 부근의 쿠파는 시아파의 역사에서 가장 오래된 도시이다. 나자프는 이라크에서 항상 선두적인 시아파의 중심지였다. 1846년 셰이크 모함마드 알 나자피Sheikh Mohammad al-Najafi는 가장 권위 있는 시아파 성직자로 받아들여졌다. 1849년 그가 사망하자 제자 모르타자 안사리Mortaza Ansari가 그의 지위를 계승해 첫 번째 마르자에 타클리드로 인정되었으며, 담배 불매운동을 이끈

미르자 모함마드 하산 시라지가 그의 뒤를 계승했다.

1924년 콤에 위치한 호제(시아파의 교육센터)가 시아파 교육의 중심지로 자리매김하면서 이란의 영향력은 이라크를 능가하게 되었다. 그럼에도 불구하고 20세기 이라크에는 중요한 시아파 성직자들이 있었다. 특히 다음 세 가문이 여러 세대에 걸쳐 나자프의 호제를 이끌었다.

먼저 그랜드 아야톨라 세예드 무흐신 알 하킴Seyyed Muhsin al-Hakim은 1962년에서 1970년까지 나자프의 종교계를 관리했다. 이란 팔레비 왕조의 모함마드 레자 샤는 콤의 성직자들을 통제하기 위해 그에게 다양한 제안을 했지만 그는 정치적 목적으로 활용되는 모든 행위를 거부했다. 그의 아들 모함마드 바키르 알 하킴Mohammad Baqir al-Hakim은 이슬람혁명최고위원회SCIRI를 설립해 의장으로 활동하면서 사담 후세인 정권에 저항했다. 그는 이라크에서 추방당해 이란에서 활동하다가 2003년 이라크 전쟁 이후 나자프로 돌아왔지만 제1대 이맘 알리의 성지인 뜰에서 폭탄공격으로 살해당했다.

1970년대에는 그랜드 아야톨라 압둘 카심 호이가 무흐신 알 하킴의 뒤를 이었다. 그는 이라크 국경을 넘어서까지 매우 존경받는 성직자였고 시아파 성직자의 정적주의 전통을 유지하기 위해 정치적인 사건에서 중립적인 입장을 취했다. 그는 호메이니의 혁명운동에 대해서도 비판했다.

다음으로 나자프의 호제를 이끈 가문은 알 사드르 가문이다. 그랜드 아야톨라 모함마드 바키르 알 사드르Mohammad Baqir al-Sadr는 사담 후세인 체제를 반대하는 정치활동뿐만 아니라 다양한 저술활동을 벌여온 시아파 공동체의 대표적인 이론가로 알려졌다. 그는 1959년 마르크스 이론을 비판한『팔사파투나Falsafatuna』(우리 철학)를 저술했고 1961년 이슬람경제학 연구서인『이크티사두나Iqtisaduna』(우리 경제)를 써서 미래 이슬람경제에 대한 초안을 그렸다. 그는 1980년 4월 9일 사담 후세인 정권에 의해 처형당했지만 그의 가문은 계속해서 저항했다. 1999년 2월 19일에는 친척 모함마드 사데크 알 사드르Mohammad Sadeq al-Sadr와 두 아들이 나자프에서 암살당했으며, 살아남은 넷째 아들 무크타다 알 사드르Muqtada al-Sadr는 현재 강경 시아파 지도자로 마흐디 민병대를 이끌고 있다. 바그다드 외곽의 사드르시티와 나자프, 쿠파, 카르발라 같은 시아파 성지는 알 사드르가 장악하고 있다. 이라크 시아파의 최고성직자인 알리 알 호세이니 알 시스타니Ali al-Hosseini al-Sistani는 현재 이라크 시아파의 정신적인 지도자로, 무크타다 알 사드르와 경쟁관계이다. 이란 출신의 온건파 지도자인 알 시스타니는 호이의 계승자이다.

레바논

레바논에는 기독교와 이슬람을 비롯한 17개의 종교공동체가 존재하고 있어 종교박물관이라고 불릴 정도이다. 1932년 레바논의 인구통계조사에 따르면 기독교 54% 가운데 마론파가 28.8%, 수니파가 22.4%, 시아파가 19.6%로 집계되었다. 이를 바탕으로 대통령은 기독교 마론파가, 총리는 수니파가, 국회의장은 시아파가 맡는 등 정치에서도 종파 간 배분을 하고 있다. 하지만 1943년 독립 이후 레바논 정부는 공식적인 인구통계조사를 실시하지 않고 있다. 따라서 권력배분에서 인구 변동을 반영하지 않고 있으며, 이는 내부적인 갈등요인으로 존재하고 있다.

레바논 남부에는 이슬람 초기 시대부터 많은 시아파들이 거주하고 있었다. 이란에서 레바논으로 이주한 세예드 무사 알 사드르Seyyed Musa al-Sadr는 레바논 남부에서 시아파의 정신적 지도자로 인정받았다. 1975년 4월

레바논 베이루트에 위치한 시아파 거주 지역. 현수막의 왼쪽은 시아파 정당인 아말운동의 설립자 무사 알 사드르이고, 오른쪽은 아말운동의 지도자이자 레바논 국회의장인 나비 베리이다.

레바논 내전이 발발하자 그해 7월 세예드 무사 알 사드르는 시아파 정치 군사조직인 아말을 결성했다. 그는 1978년 8월 25일 카다피의 초청으로 리비아의 트리폴리를 방문했는데 그 후 그의 행적은 알려지지 않고 있다.

1982년 6월 이스라엘이 레바논을 침공하자 그해 8월 이란의 호메이니는 세예드 모함마드 후세인 파달라Seyyed Mohammad Hussein Fadlallah를 비롯한 레바논 성직자들을 만나 이스라엘에 대한 저항을 논의했다. 헤즈볼라는 하셰미 모타셰미Hashemi Mohtashemi 시리아 주재 이란대사의 주도로 결성되어 반미·반이스라엘 투쟁을 전개했고 1992년부터 레바논 의회선거에 참여하면서 실용주의 노선으로 전환했다.

시리아

시리아의 시아파는 넓은 의미에서는 시아파의 일부분이지만 크게 논란이 되지는 않는다. 사실상 시아파 공동체에서 논란의 대상이 되고 있는 분파는 알라위파, 드루즈파, 이스마일파 3개이다. 시리아는 전체 인구 가운데 수니파가 80%를 차지하고 있으며, 10%는 다양한 기독교 종파여서 시아파는 10%에 불과하다. 시리아의 시아파 구성을 보면 알라위파 7%, 드루즈파 2%, 이스마일파 1%이다. 이러한 통계는 근사치일 뿐, 정확한 수치는 알 수 없다. 다른 조사에서는 아사드 가문과 바트 정권 지도부의 대표자들로 이루어진 알라위파가 시리아 인구의 12%까지 차지한다고 발표하기도 했다.

알라위파의 오래된 이름인 누사이리파라는 명칭은 더 이상 사용되지 않으며 20세기 이후부터는 알리의 숭배자를 뜻하는 알라위파라고 불린다. 현재 알라위파는 스스로를 일신론적 무슬림이라고 한다.

이스마일파는 765년 제6대 이맘 자파르 알 사디크가 사망한 이후 시아파에서 분리된 그룹으로 이스마일의 후손들을 이맘으로 인식하며 그들에게 헌신한다. 이스마일파의 가장 잘 알려진 지도자 아가 한[Agha Khan]은 이 혈통의 제49대 이맘이라고 여겨진다. 시리아의 마스야프와 살라미야라는 도시를 중심지로 삼는 시리아의 이스마일파는 아가 한의 추종자들이 아니다. 그들은 이스마일의 후손 가운데 숨은 이맘이 있을 것으로 보고 그의 재림을 기다리고 있다.

드루즈파는 11세기에 이스마일파에서 분리되었다. 오늘날 그들은 시리아의 제벨 하우란과 이스라엘 북부를 제외하고는 주로 레바논 중부에 거주하고 있다. 그들은 신이 인간의 형상으로 인간들 사이에 있을 때가 있고 오늘날처럼 숨겨진 채로 남아 있을 때가 있다고 믿는다. 그들은 쿠란 대신 자신만의 성서를 보유한 완전히 독립적인 종교사회로 발전했다.

예멘

예멘은 수니파가 53%이고 시아파가 47%이다. 예멘 북부에는 시아파의 분파인 자이드파가 집중 거주하고 있다. 자이드파는 897년 사나를 수도로 삼아 왕조를 설립했으며, 1962년 공화정이 수립되기 이전까지 1000년 넘게 예멘을 통치했다. 1992년 수도 사나에서 발발한 자이드파 부흥청년운동에서 시작된 후티 시아파 반군은 2003년 미국이 이라크를 침공하자 친미 예멘 정권에 대한 반정부운동으로 발전했다. 2004년 사다 출신의 국회의원으로 반정부 시위를 주도한 지도자 후세인 바르레인 알 후티Hussein Badreddin al-Houthi가 살해당하자 그의 성을 따서 후티 반군이 조직되었다. 2011년 아랍의 봄 이후 2012년 알리 압둘라 살레Ali Abdullah Saleh 예멘 대통령이 물러나자 2015년 2월 6일 후티 시아파 반군은 수도 사나를 점령하고 정부 수립을 선포했다. 3월 후티 반군이 예멘 남부에 위치한 제2의 도시 아덴을 공격하자 4월 26일 사우디아라비아의 주도하에 수니파 국가들이 예멘 전역을 공습하기 시작했다. 아덴은 항구도시로 아라비아 해역에서 홍해로 진입하는 밥 알 만답 해협의 입구에 위치한 예멘 최대의 전략적 요충지이다.

이밖에 아제르바이잔과 바레인도 시아파가 다수인 국가로, 아제르바이잔은 75%가, 바레인 70%가 시아파이다. 또한 쿠웨이트는 20~25%, 사우디아라비아, 터키, 아프가니스탄, 인도, 파키스탄은 10~15%, 아랍에미리트, 오만, 카타르는 5~10%가 시아파인 것으로 추정되고 있다.

6

시아파 위협론의 실체와 허구

[**현대 중동의 역학 관계: 이란, 이스라엘 및 사우디아라비아**]

1991년 걸프 전쟁 이후 중동 역학 관계의 변화

현대 중동의 정치 지형을 결정지은 중요한 사건은 1991년 걸프 전쟁과 2003년 이라크 전쟁이다. 물론 1948년 5월 14일 이스라엘이 건국된 것이 현대 중동의 주된 분쟁 요인을 이해하고 역내 역학 관계를 파악할 수 있는 가장 핵심적인 사건이지만, 걸프 전쟁과 이라크 전쟁은 현대 중동의 정치질서에서 중요한 전환점이 되었다. 미국의 주도로 전개된 두 차례의 전쟁은 중동의 세력 균형에 커다란 영향을 끼친 정치적 위기로, 역내 경쟁관계를 심화시켰다. 특히 이란, 이스라엘 및 사우디아라비아는 이 전쟁을 통해 변화된 중동 정세 속에서 패권을 둘러싼 경쟁관계를 본격적으로 드러내가 시작했다.

"중동을 다스리면 세계를 다스린다"라는 말이 있듯이 미국의 세계 지배는 중동 지배를 통해 구체화되었다. 미국의 중동 정책은 초강대국을 유지하기 위한 미국의 세계 전략에서 출발하고 있다. 이것은 곧 세계 패권을 유지하기 위한 전략이다. 제2차 세계대전 이후 미국은 소련의 팽창주의를 봉쇄하고 석유를 안정적으로 공급한다는 전략을 실현하기 위해 본격적으로 중동에 개입하기 시작했다. 미국의 중동 정책은 반공(트루먼, 닉슨), 인권(카터), 자유(레이건, 부시 1세), 평화(클린턴) 및 자유와 정의(부시 2세) 같은 핵심 쟁점을 중심으로 구체화되었다. 1947년 3월 21일 트루먼 미국 대통령은 의회에서 "전체주의 정권이 직간접적으로 자유민을 위협하고 세계평화와 미국의 안전을 위협하고 있다"라면서 소련의 남하 정책을 저지시키기 위해 소련의 접경 국가인 이란과 터키를 중심으로 군사·경제 원조를 제공했다.

1956년 제2차 중동 전쟁 이후 아랍민족주의 운동이 확산되고 소련의 영향력이 확대되자 1957년 1월 아이젠하워 미국 대통령은 의회에 다음과 같은 중동특별교서를 보냈다. "많은 국가가 중동의 천연자원과 무역로에 의존하고 있으며 중동에는 3대 종교의 성지가 있다. 만약 그 지역이 공산주의에 의해 지배된다면 상당히 위험한 일이다. 그러나 그러한 위험이 눈앞에 있다." 미국은 아랍민족주의가 레바논, 요르단, 그리고 아라비아반도까지 확대될 것을 우려해 사우디아라비아와의 관계를 강화했다.

미국 중동 정책의 주요 목표는 이스라엘의 안보였다. 미국과 이스라엘의 역사적 관계는 이스라엘이 이 지역에서 미국의 목표를 수행하기 위한 전략적 자산으로 규정될 수 있다. 이스라엘의 초대 총리 다비드 벤 구리온David Ben Gurion은 이스라엘의 미래가 강력한 서구와의 유대관계에 의해 유지된다고 주장했다. 이스라엘은 소련과 제3세계권에 반대해 유엔에서의 투표권을 서구의 입장에서 행사했다. 이 시기 이집트, 시리아 및 이라크에서는 민족주의 혁명이 일어났고 레바논, 요르단 및 이란에서는 반서구운동이 발생했다. 바그다드 조약을 통해 소련을 견제하려던 미국의 정책은 실패했고 소련은 이스라엘 주변의 아랍 국가들과 동맹 관계를 확립하는 데 성공했다. 중동의 격렬한 반서구운동은 이슬람세계, 특히 아랍 국가에 널리 퍼져 있던 이스라엘에 대한 뿌리 깊은 증오감과 결합되었다. 이 과정에서 이스라엘은 서구 개입의 상징이자 중동에서 식민주의와 제국주의의 최후의 보루로 간주되었다. 이스라엘은 냉전 시대에는 이 지역에서 급진주의 운동에 대항하는 압력 세력이었으며, 탈냉전시대에도 이슬람주의의 확산을 저지하는 임무를 수행하고 있다. 이스라엘의 전임 군사정보국장 슬로모 가지트Shlomo Gazit는 소련이 붕괴된 이후에도 이스라엘의 역할은 변하지 않았다고 말했다. 그 결과 미국은 중동에서 자국의 이해관계를 지키기 위해서는 이스라엘에 의존할 수밖에 없다고 인식하게 되었다.

1960년대 초반 미국은 나세르 이집트 대통령과 관계를 개선하는 데 실패한 데다 아랍민족주의 운동이 점차 확산되자 이스라엘의 안보라는 새로운 전략을 수립했다. 이는 20세기 중동에서 가장 중요한 전략적 동맹관계로 나타났다. 1966년 6월 11일 제임스 페론James Feron은 ≪뉴욕타임스≫에 다음과 같이 썼다. "미국은 직접 개입을 모면하기 위한 가장 중요한 대책으로 그 지역 정권에 의존해야 한다고 결론을 내렸다. 이스라엘은 이 정의에 합당하다." 1967년 제3차 중동전쟁은 6일 만에 이스라엘의 일방적인 승리로 종결되었다. 제3차 중동전쟁은 미국과 이스라엘의 특별한 관계가 형성되는 결정적인 사건이었다. 제3차 중동전쟁 이후 이스라엘은 상당량의 소련제 무기를 미국에 제공해 전략적 동맹국으로서의 잠재력을 입증했다. 1969~1970년 사이에 전개된 소모전 동안 소련제

대포, 대전차, 대공포 및 미사일 등 역시 CIA에 제공되었다. 이스라엘의 잠재력은 1970년 시리아가 요르단 북부를 침략한 이후 더욱 강화되었다. 닉슨 대통령과 키신저 안보담당보좌관의 호소에 따라 이스라엘 군대는 비상태세에 들어가 요르단 국경으로 진격했고 그 결과 시리아가 철수했다.

1980년 레이건 미국 대통령은 중동에서 이스라엘이 맡은 견제 역할과 중동 군사 균등화에서 무장병력이 차지하는 가치를 강조했다. 연차총회에서 레이건은 이스라엘을 "주요 전략 자원일 뿐만 아니라 미국의 중요한 동맹국"이라고 선포했다. 알렉산더 헤이그^Alexander Haig 국무장관은 중동에서 반공산주의 국가 동맹에 근거한 전략적 협력을 통해 지역안보를 지키기 위한 새로운 계획을 수립했다. 1981년 미국과 이스라엘은 전략적 협력에 관한 양해각서에 조인했는데, "그 지역을 소련의 모든 위협으로부터 보호하기 위해 협력"하는 것과 "전 지역에 대한 이러한 위협을 저지함으로써 국가 안보를 강화하기 위해 협상 및 협력"하는 것이 주요 내용이었다. 레이건 미국 대통령은 중동을 '전체주의'와 '권위주의'로 구분하면서 전체주의 체제를 약화시키기 위해 권위주의 정권과 긴밀한 관계를 구축했다.

1990년대 클린턴 미국 대통령은 중동을 온건파와 과격파로 구분하면서 '평화 프로세스'를 추진했다. 미국은 1993년 오슬로 회담부터 2000년 캠프 데이비드 정상회담 이전까지 이스라엘과 팔레스타인 간의 일련의 협상에서 주요 중재자 역할을 수행했지만 미국과 이스라엘의 전략적 관계에 기초한 미국의 중동 정책은 중동평화 문제에서 커다란 장애요소로 나타났다.

2001년 9·11 테러 이후 미국은 '테러와의 전쟁'을 선언했는데, '테러와

요르단강 서안의 분리장벽. 2002년부터 이스라엘이 요르단강 서안지구에 건설한 대규모 장벽으로, 마르완 바르구티가 그려져 있다. 마르완 바르구티는 2000년 9월 시작된 인티파다의 실질적인 지도자로 2002년 이스라엘군에 체포되어 종신형을 선고받았다.

의 전쟁'은 지구촌을 선과 악의 대립으로 이원화시켜 세계의 정치 지형을 근본적으로 바꾸어놓았다. 부시 미국 대통령은 '테러와의 전쟁'을 '십자군 전쟁', '이슬람 파시즘과의 전쟁'으로 표현했는데 이는 이슬람세계의 저항을 불러일으켰다. 테러와의 전쟁은 사실상 미국의 중동 정책이 이스라엘화했음을 의미했다. 이처럼 미국이 일방적인 친이스라엘 정책을 펼쳤지만 미국의 의도대로 중동의 질서가 재편되지는 않았다.

제2차 세계대전 이후 추진된 미국의 중동 정책에 대한 평가는 매우 부정적이었다. 2005년 6월 20일 콘돌리자 라이스Condoleezza Rice 미국 국무장관은 카이로 연설에서 다음과 같이 말했다. "60년 동안 내 조국 미국은 이곳에서 민주주의를 확대함으로써 중동지역의 안정을 추구하려 했지만 우리는 아무것도 얻지 못했다." 이 시기부터 미국의 외교 정책 입안자들은 새로운 방향을 논의했고 이는 대화와 협력(오바마)으로 나타났다. 2011년 5월 19일 오바마 미국 대통령은 국무부 청사에서 "중동과 북아프리카를 휩쓴 민주화 운동과 오사마 빈 라덴의 죽음으로 미국 외교의 새로운 장이 열렸다"라면서 "역내 개혁과 민주화 이행을 촉진하는 것이 미국 외교의 최우선 가치"라고 말했다. 그는 이날 연설에서 미국은 현상 유지를 꾀하는 중동의 독재자가 아니라 민주화와 변화를 원하는 중동의 민중과 함께하겠다는 입장을 밝혔다.

2017년 1월 취임한 트럼프 미국 대통령은 기본적으로 탈이념 실용주의를 추진할 가능성이 높다. 트럼프는 전임 오바마의 다자주의보다는 양자주의를 선호하고 이념과 가치보다는 이익 공유를 강조하고 있다. 트럼프가 내세운 중동 정책의 특징은 크게 세 가지로, 친이스라엘 일방주의 정책, 이스라엘과 사우디아라비아의 동맹 강화 정책, 그리고 이란 적대 정책이다. 특히 트럼프는 이스라엘과 사우디아라비아의 연대를 강화해 반이란 전선을 확대하려는데, 이는 사우디아라비아의 왕위 계승 작업과 관련되어 있다.

현재 중동 정세가 매우 불안한 이유는 중국의 부상을 견제하려는 미국의 정책과 밀접하게 연관되어 있다. 중국은 많은 에너지 자원을 필요로 하고 있기 때문에 미국은 자원의 보고인 중동에 대한 영향력을 확대해 중국을 견제하려 한다.

또한 미국은 20세기 중반부터 중동에서 '공공의 적'을 만들어왔으며 이를 통해 친미와 반미를 구분하는 이분법 방식을 추진했다. 미국은 1960년대 이집트의 나세르, 1970년대 팔레스타인의 아라파트, 1980년대 이란의 호메이니, 1990년대 이라크의 사담 후세인, 2001년 아프가니스탄의 오사마 빈 라덴, 그리고 2014년 IS의 아부 바크르 알 바그다디를 통해 친미와 반미를 축으로 중동의 정치 지형을 재편해왔다. 현재 중동에서 공공의 적은 IS와 알 바그다디이다. 알 바그다디가 공습으로 사망했다는 보도가 지속적으로 나오고 있지만 아직까지 확인되지는 않고 있다. 그리고 IS와의 전쟁은 당분간 지속될 것으로 예측된다.

냉전 종식 이후 발발한 걸프 전쟁은 중동에서 미국의 위상과 역할을 강화시켰다. 1990년 8월 2일 이라크가 쿠웨이트를 합병함으로써 시작된 중동 사태는 미국을 비롯한 다국적군이 전면적으로 무력 개입해 전쟁으로 확대되었는데, 1991년 2월 28일 개전 43일, 지상전 개시 4일 만에 이라크의 완패로 끝났다. 걸프 전쟁은 냉전질서의 해체가 본격화되고 있는 시점에서 미국과 제3세계 간에 벌어진 전쟁이었다. 또한 걸프 전쟁은 미국이 직접 개입한 최초의 중동 전쟁으로 현대 중동의 역학관계에 커다란 영향을 미쳤다. 걸프 전쟁이 일어난 계기는 냉전 종식 이후 미국이 직면한 또 다른 문제와 큰 관련이 있다. 당시까지 미국은 대소련 방어망 구축이라는 명분으로 중동에서 영향력을 행사했으나 냉전이 종식되자 미국의 중동 정책은 더 이상 실효성을 잃었다. 그러던 차에 이라크가 쿠웨이트를 침공한 사건은 미국의 지배력을 재확인할 수 있는 새로운 근거를 제공해주었다. 걸프 전쟁은 1991년 1월 16일까지 사우디아라비아를 보호하고 미군 군사기지를 설치하기 위한 작전명 '사막의 방패'로 불렸고, 이후에는 작전명 '사막의 폭풍'으로 격상되어 전면적으로 확대되었다. 미국은 걸프 전쟁을 통해 보다 적극적으로 중동 재편을 시도했다.

1950년대 이후 이스라엘의 중동 정책은 '주변부 동맹 독트린' 기조 아래 이루어졌다. '주변부 동맹 독트린'이란 이란과 터키 같은 지역 내 비아랍 국가들과 긴밀한 관계를 모색함으로써 아랍 내부의 정치 순환을 약화시키고 지역 내 패권과 군사적 우위를 유지한다는 것을 의미한다. 이스라엘은 1987년까지 이란을 '전략지정학적 우방'으로 분류해 이란에 군사 및 물류를 지원했는데, 이는 '이란-콘트라 사건'을 통해 알려졌다. 이 사건은 미국이 레바논에 억류된 미국인 인질을 석방하기 위해 이란에 비밀리에 무기를 판매하고 그 대금의 일부를 니카라과 정권을 전복시킬 목적으로 콘트라 반군에 지원한 것을 의미한다. 당시 이란은 이라크와 전쟁 중이었기 때문에 무기가 필요했는데 미국은 이스라엘을 경유해 이란에 무기를 수출하도록 허용했다.

하지만 걸프 전쟁으로 아랍민족주의의 지도자 역할을 하고자 했던 사담 후세인의 영향력이 약화되자 이란과 이스라엘의 전략적 동맹 관계는 붕괴되었고 1992년부터 이스라엘은 이란을 '국제적인 위협'으로 지칭하기 시작했다. 1992년 이스라엘 총선에서 노동당 지도부들은 다음과 같이 언급했다. "오래된 주변부가 있고 새로운 주변부가 있다. 오래된 주변부는 이스라엘의 아랍 적들을 포위하기 위한 세력이다. 지금 이란이 문제로 떠올랐다. 이제 우리는 이란을 포위하기 위한 새로운 주변부가 필요하다." 이스라엘의 전쟁 영웅 모셰 다얀Moshe Dayan은 1980년대에는 이란이 이스라엘의 방위를 유지하도록 도왔다면 1990년대부터는 이란이 이스라엘에 '구제불능의 테러리즘 국가'이자 '국제적 위협'이 되었다고 주장했다. 이러한 정치적 수사의 변화는 이 지역의 지정학적 현실을 반영한 것이었다. 이러한 관점하에 이스라엘은 중동 내에서 너무 강력하거나 너무 단호한 국가에 대해 전략적으로 대처했다.

냉전 이후의 이란의 외교 정책 또한 국제정세의 변화를 그대로 반영하고 있다. 이란은 이란-이라크 전쟁 이후 이라크를 지원했던 아랍 국가들과 우호적인 관계를 맺음으로써 중동 지역에서의 역할을 증대시키는 정책을 펼쳤는데, 이는 이란-이라크 전쟁을 통해 자국의 안보를 보호하기 위해서는 주변국과의 관계 개선이 무엇보다 필요하다고 판단했기 때문이다. 또한 이는 이란의 외교 정책 기조인 이슬람주의와도 일치했다. 이란의 이슬람주의 정책은 이슬람혁명을 수출해 무슬림의 단결을 이루고 압제 국가에 대항하며 무슬림의 주권을 획득하는 것이다. 호메이니의 세계관에서 볼 때 이슬람세계의 문제는 이슬람세계가 이슬람의 신성한 길에서 떠나 표류하고 있고 동서양을 막론하고 부패한 길을 수용한다는 것이었다. 이러한 문제를 해결하기 위해서는 무슬림들이 이슬람으로 복귀해 분열을 극복하고 단결해야 했다. 호메이니는 "이슬람을 보호하기 위해 우리(무슬림들)는 우리를 분열시키는 모든 것을 피해야 한다. 우리 사이에 어떤 차이점이 있다면 우리는 그 차이들을 배제해야만 한다. 우리는 서로 단결해야만 한다. 이것은 우리 자신을 보호하기 위해서만이 아니다. 이것은 전 세계로 이슬람을 전파하는 데 기여한다"라고 말했다. 호메이니는 무슬림들에게 이슬람 문화에 의지하고 서구에 저항해 독립하자고 호소했다.

이슬람혁명을 수출하려면 이란과 아랍의 장벽이 파괴되어야 했는데, 이를 위해 이슬람의 단결이라는 개념이 등장했다. 이슬람의 단결은 모든 무슬림이 일련의 기본 신념을 공유하고 있고 공동의 적을 상대하고 있다는 개념에 근거했다. 공동의 적이란 '이슬람세계의 정치적 독립과 문화적·종교적 정체성을 위협하고 정치적·경제적·군사적 팽창을 지향하는 서구'를 의미한다. 1990년대부터 이란은 아랍세계의 반이란 감정을 완화시켜 아랍 대중을 결집시키려는 목적으로 반이스라엘을 강조하기 시작했으며 이 과정에서 팔레스타인 문제를 제기했다. 팔레스타인 문제는 중동정치에서 언제나 중요한 상징성을 지니고 있다. 따라서 이는 이란과 이스라엘의 관계가 아랍세계의 정치질서 및 권력 변화와 밀접하게 연관되어 있음을 보여주는 것이다.

미국은 걸프 전쟁에서 승리하자 곧이어 팔레스타인 분쟁을 해결하기 위한 중동평화회담을 제기했다. 팔레스타인 문제는 이 지역 정치에서 가장 중요하고 상징적인 주제였다.

1991년 10월 31일 미국과 소련의 주도로 스페인의 마드리드에서 중동평화회담이 개최되었다. 마드리드 중동평화회담은 소련이 붕괴된 지 60여 일 만에 성사되었다는 점에서 사실상 미국의 주도로 진행되었다. 이 중동평화회담은 이스라엘, 팔레스타인, 시리아, 요르단, 이집트 대표가 당사자로 참석하고 EC, 중국, 일본, 캐나다, 사우디아라비아를 비롯한 아랍 국가들이 옵서버 자격으로 참여한 다자회담이었다. 마드리드 회담은 2년 뒤 '땅과 평화의 교환'이라는 오슬로 평화협정으로 이어졌다. 하지만 오슬로 평화협정에서는 팔레스타인 국가의 국경선, 팔레스타인 난민과 예루살렘의 지위, 그리고 이스라엘 정착촌 등 이스라엘과 팔레스타인 문제의 핵심 관건이 다루어지지 않았다. 1994년에는 이스라엘과 요르단 간에 평화협정이 체결되었는데 이는 사실상 이스라엘과 팔레스타인이 평화를 맺는 과정의 파생물로 간주되었다. 이러한 일련의 과정은 이스라엘이 중동평화회담을 통해 아랍 국가와의 관계를 공고히 하면서 그 지역의 지배력을 강화하기 위한 중요한 단계를 의미했다.

걸프 전쟁에서 사담 후세인이 패배하자 이란과 이스라엘의 공통된 위협 요인이 약화되었고 중동의 정치질서가 변하기 시작했다. 1991년 중동은 미국의 패권 아래 이란, 이스라엘, 사우디아라비아라는 세 축을 통해 권력이 재분배되었다. 이 세 국가는 이라크가 퇴장한 이후 영향력을 확대하기 위해 경쟁하기 시작했다. 1990년대 초 이란은 스스로 중동질서를 새롭게 재편하는 과정에서 핵심 역할을 할 것이라고 기대했다. 하지만 미국은 사우디아라비아를 이란을 견제할 새로운 아랍의 균형자로 채택했다. 이라크는 걸프 전쟁 이전까지 쿠웨이트뿐만 아니라 다른 걸프 국가들, 특히 사우디아라비아에 위협적인 존재였다. 미국과 사우디아라비아의 관계는 이라크에 대한 견제 및 억제 정책을 펴기 위해 시작되었지만, 이 두 국가는 걸프 전쟁 이후 이란의 부상을 우려하면서 대이란 봉쇄정책을 추진했다. 이에 따라 이란은 더욱 공격적인 전략을 선택해 레바논과 팔레스타인의 저항조직에 자금과 물자 지원을 재개했다. 이란은 마드리드 중동평화회담과 아랍-이스라엘 평화협상 과정에서 자신들이 배제당한 이유가 이란 고립화 전략 때문이라고 파악하고 있다.

미국은 이라크 군대를 쿠웨이트에서 몰아내고 이라크 남부 도시 바스라와 나시리야까지 진출했지만 더 이상 이라크를 공격하지는 않았다. 그 이유는 한편으로는 이라크에서 시아파의 입지가 강화되는 것을 우려한 사우디아라비아의 입장 때문이었고, 다른 한편으로는 전쟁 이후 이라크에 대해 이란의 영향력이 확대되는 것을 제한하기 위해서였다. 또한 1991년 걸프 위기는 이란과 이스라엘 간에 전략적인 갈등구조를 만들어냈다. 이러한 갈등구조는 도발적인 정치적 수사를 통해 더욱 심화되었다.

2001년 9·11 테러 이후 부시 미국 대통령은 '테러와의 전쟁'을 선언했으며, 2002년 1월 29일 연례 일반교서에서는 이란, 이라크, 북한을 '테러를 지원하는 정권'이라 지칭하며 '악의 축'이라고 규정했다. 2006년 7월 12일 이스라엘의 선제공격으로 시작된 레바논 전쟁에 대해 부시 대통령은 '새로운 중동을 위한 기회'라고 주장했고 라이스 미국 국무장관은 '새로운 중동의 탄생을 위한 불가피한 산고'라고 언급했다. 이란 위기론은 이 시기부터 지속적으로 제기되었다.

2003년 이라크 전쟁 이후 중동 역학 관계의 변화

중동 역학 관계에 주요한 영향을 끼친 두 번째 위기는 2003년 이라크 전쟁이었다. 이라크 전쟁은 1991년 걸프 전쟁 이후 이란, 이스라엘, 사우디아라비아의 적대적인 다극화 관계를 심화시켰고 이라크의 지정학적역할을 강화했다. 이라크에서 사담 후세인 정권이 붕괴하고 이후 시아파정권이 출현한 것은 역내 세력 균형에 큰 영향을 미쳤다. 사우디아라비아는 이라크 전쟁 이후 아랍질서에서 재정적·외교적 강국으로 등장했는데, 이는 걸프 지역에서 사우디아라비아가 차지하는 경제적 입지 때문이었다.

1980년대 후반과 1990년대 초반 이라크의 주요 경쟁자는 OPEC의 급속한 경제성장에 힘입은 사우디아라비아와 쿠웨이트였다. 이라크는 이란-이라크 전쟁을 통해 지역 강국으로 등장했지만 경제적으로 심각한재정 압박을 받고 있었기 때문에 고유가 정책을 통해 이를 해결하고자했다. 이라크는 사우디아라비아, 쿠웨이트, 카타르 및 아랍에미리트로부터 빌린 외채로 전쟁자금을 조달했기에 이라크의 대외부채가 약 800억달러에 달하게 되었다. 이라크는 주변국들에게 신규 차관을 요구했지만쿠웨이트는 이 요구를 거절하고 차관 상환을 요구했다. 사담 후세인이1990년 8월 2일 쿠웨이트를 점령하고 걸프 왕정국가들의 정통성을 겨냥해 선전 캠페인을 벌인 것은 걸프 지역에서 이라크의 패권을 되찾기 위한 시도였다. 쿠웨이트가 이라크의 패권 경쟁국은 아니었지만 이라크는쿠웨이트 점령을 통해 경제적 위기를 극복하고자 했다. 더 나아가 이라크는 사우디아라비아를 위협해 지역 패권을 장악하고자 했다. 하지만 걸프 전쟁에서 패배하면서 이라크는 그 위상과 영향력이 약화되었다.

이란 테헤란에 있는 한 거리.
건물에 '미국에게 죽음을'이
라는 구호가 그려져 있다.

사우디아라비아는 1980년대부터 아랍세계에서 주도적인 지위를 차지
하게 되었다. 이는 이란-이라크 전쟁과 걸프 전쟁 이후 이란이 상대적으
로 쇠퇴하고 미국이 사우디아라비아를 전략적으로 지원했기 때문이다.
미국은 사우디아라비아를 이란을 견제할 주요 국가로서 적합하다고 판
단했다. 사우디아라비아는 오늘날 상당한 외교적 능력을 지니고 있다.
사우디아라비아는 전략적 위치상 세계 최대의 석유 매장량을 보유하고
있는데 이는 미국의 다른 아랍 동맹국과 크게 차이 나는 지점이다. 라르
비 사디키Larbi Sadiki 엑서터대학교 중동연구원은 "사우디아라비아의 임차
인 역할은 페트로 달러와 무기에 대한 대가로 석유를 제공하기 때문에
미국과의 관계에서 더욱 동등한 지위를 누리고 있다. 이집트와 요르단은
이와 같은 권한을 갖고 있지 않다. 그들은 미국의 원조와 호의에 대한 대
가로 중재 역할을 빌렸다"라고 말했다.

이라크 전쟁 이후 사담 후세인 체제가 붕괴되자 이란의 영향력이 크게
확대되었다. 이란은 이라크에 시아파 정권이 수립되자 2004년 9월 국교
를 재개했고 양국 대통령이 상호 방문하면서 새로운 전기를 마련했다.

특히 이라크 내부의 시아파와 수니파 간 갈등이 심화될수록 이란과 이라크 내 시아파 정권 간 관계는 더욱 강화되고 있다. 2006년 2월 22일 바그다드로부터 약 120km 떨어진 사마라에 있는 알 아스카리 모스크에서는 미군의 폭격으로 황금 돔이 파괴되는 사건이 발발했는데, 이로 인해 이라크 시아파의 태도는 크게 변했다. 이 모스크는 시아파의 주요한 성지로서 제10대 이맘과 제11대 이맘의 안식처일 뿐만 아니라 제12대 이맘이 신의 뜻에 따라 자취를 감춘 장소라고 시아파들이 믿고 있는 곳이었다. 이곳은 수니파가 대다수인 이라크에서 유일하게 도시에 위치한 시아파 성지이자 시아파 민병대가 수니파의 공격으로부터 보호하지 못한 유일한 모스크였다.

이 폭격은 바그다드와 이라크 남부 시아파들의 지역에서 심각한 저항운동을 불러일으켰다. 이 사건은 이라크 시아파의 정체성과 정치 성향을 강화하는 계기로 작용했으며 이라크 시아파가 이란과의 관계를 강화하는 요인이 되기도 했다. 한편 2001년 아프가니스탄 전쟁으로 탈레반 정권이 붕괴되자 이란으로서는 동부 국경선에서의 위협 요인이 제거된 셈이었다. 탈레반 정권은 시아파를 이단으로 규정하고 있어 이란과는 불편한 관계였다. 이에 따라 이란에서는 중동 문제에 보다 적극적으로 개입할 수 있는 여건이 마련되었다. 사담 후세인 정권의 몰락은 사실상 걸프 지역의 안보 상황을 바꾸어놓았다. 이러한 일련의 상황은 이란과 사우디아라비아 간의 세력 균형을 무너뜨렸고 중동 전체에 영향을 끼쳤다. 2003년 이라크 전쟁 이후에는 이라크의 지정학적 중요성이 더욱 부각되었는데, 이에 따라 이란과 사우디아라비아가 이라크에 개입하는 비중이 점차 증가했다.

2006년 발발한 레바논 전쟁은 이란과 사우디아라비아의 경쟁구도를 더욱 심화시켰다. 2016년 7월 12일 이스라엘의 선제공격으로 레바논 전쟁이 시작되었는데, 이 전쟁으로 인한 레바논 희생자는 1400여 명에 이르렀고 사회기반 시설이 초토화되었다. 유엔 안보리가 8월 11일 1만 5000명의 평화유지군을 레바논 남부 분쟁지대에 파견하는 휴전결의안을 만장일치로 채택하자 8월 14일, 즉 이스라엘이 침공한 지 34일 만에 이스라엘과 레바논은 휴전에 합의했다. 이스라엘의 레바논 침공은 테러 조직의 제거라는 명분으로 이제까지 다섯 차례(1978년, 1982년, 1993년, 1996년, 2016년)에 걸쳐 이루어졌다. 34일간 치른 전쟁에서 이스라엘군은 헤즈볼라 민병대를 상대로 이기지 못했고 이로 인해 헤즈볼라의 위상이 크게 부각되었다.

　헤즈볼라는 이스라엘의 침략과 점령에 저항하기 위한 조직으로 1982년 이란의 지원하에 결성되었다. 레바논 침공에 대해 이스라엘이 공식적으로 내놓은 이유는 팔레스타인해방기구PLO를 제거하는 것이었다. 그러나 실제 목표는 모든 팔레스타인인을 레바논에서 추방하고 더 나아가 시아파 공동체를 파괴하는 것이었다. 헤즈볼라는 1985년 5월 창립 선언문을 통해 '반식민주의'와 '이슬람 정부'의 수립을 공표했다. 1992년 이래 헤즈볼라의 사무총장은 나스랄라가 역임하고 있다. 헤즈볼라는 시아파 무슬림을 대표하는 레바논 정당 중의 하나이다. 17년 만에 치러진 1992년 레바논 의회선거에서 헤즈볼라는 총 128석 가운데 12석을 획득했으며, 1996년에는 10석, 2000년에는 8석, 2005년에는 14석, 2009년에는 12석을 차지했다. 2018년 현재는 헤즈볼라 소속 2명이 각료로 레바논 연립내각에 참여하고 있다. 또한 의료봉사와 사회봉사를 펼침으로써 레바논 시아파 주민들로부터 압도적인 지지를 받고 있다. 레바논 헤즈볼라에 대한 이란의 후원은 사우디아라비아를 불안하게 만들었다.

레바논 베이루트의 시아파 거주 지역에 걸려 있는 헤즈볼라 깃발.

　이런 상황 가운데 일어난 아랍의 봄은 중동 지역의 분수령이 되었다. 2010년 12월 17일, 튀니지의 중부 시디 부지드의 지방청사 앞에서 청년 노점상 무함마드 부아지지가 경찰 단속에 항의하며 분신자살을 하는 비극적인 사건이 일어났는데, 이 사건을 계기로 지구촌을 뒤흔든 아랍의 봄이 발발했다. 2011년 아랍의 봄은 2001년 9·11 테러사태가 발생한 지 10년 만에 일어난 실로 역사적인 사건이었다. 아랍의 봄은 지역적 차원뿐만 아니라 세계적 차원에서도 많은 것을 바꾸어놓았다. 가장 큰 변화는 미국의 세계전략과 중동 정책이 바뀐 것이다. 9·11 테러 이후 부시 미국 대통령은 테러와의 전쟁을 선포하면서 아프가니스탄 전쟁과 이라크 전쟁을 일으켰고, 이어 2004년 '확대중동구상Greater Middle East Initiative'을 발표하면서 '정권 교체' 또는 '정권 변환'을 통한 중동의 민주화를 시도했지만 실패하고 말았다. 전쟁이 일어난 아프가니스탄과 이라크, 두 국가에서만 정권 교체가 이루어졌을 뿐 변한 것은 아무것도 없었다.

2009년 출범한 오바마 미국 대통령은 '테러와의 전쟁'이라는 용어를 공식 폐기하고 해외비상작전Overseas Contingency Operation: OCO이라는 용어로 교체했지만 테러와의 전쟁은 계속되었다. 오바마 정부는 2011년 5월 1일 9·11 테러의 상징이던 오바마 빈 라덴을 사살하면서 테러와의 전쟁에서 승리를 선포했다. 이어서 미군은 12월 이라크에서 철수했으며, 2014년까지 아프가니스탄에서 철수할 계획을 발표하기도 했다. 이는 미국이 표면적으로는 테러와의 전쟁을 종식하고 대외 정책을 중동과 페르시아만에서 아시아태평양으로 이동했음을 의미한다. 그 후 미국은 중국의 부상을 견제하고 미국 주도의 역내 질서를 유지하기 위한 '아시아 재균형 정책'을 발표했다. 아시아 재균형 정책은 미 해군 전력의 60%를 아시아에 집중적으로 배치하는 것을 핵심으로 하고 있으며, 그 대상은 중국이다.

당시까지만 해도 미국의 세계전략에서 중동은 제1의 관심지역이었다. 지금까지 발견된 석유 매장량의 3분의 2가 페르시아만 주변에 매장되어 있다. 이런 측면에서 페르시아만은 가장 중요한 '자원의 보고'라고 볼 수 있다. 하지만 이러한 개념이 점차 변하고 있다. 셰일에너지가 세계 에너지 지정학에서 지각변동을 예고하고 있기 때문이다. 셰일오일이란 땅속에 고체 상태로 묻혀 있는 석유를 말하는데 시추비용이 비싸 그대로 방치되고 있었다. 하지만 2008년 프래킹fracking이라는 수압파쇄법이 개발되면서 셰일가스가 생산되기 시작했다. 셰일에너지에 대해서는 낙관론과 비관론이 엇갈리고 있다. 셰일에너지는 현재로서는 추산이 불가능할 정도로 매장량이 풍부해 세계 에너지 시장의 판도를 바꿀 수 있다는 긍정적인 시각도 있지만, 생산 과정에서 수질 및 토양 오염을 비롯한 다양한 환경오염을 유발한다는 부정적인 시각도 존재한다. 그럼에도 불구하고 분명한 사실은 세계 에너지 시장이 요동치고 있다는 것이다.

또한 제2의 페르시아만이라고 불리는 카스피해에도 관심이 집중되고 있다. 이 지역의 정확한 매장량은 아직까지 확인되지 못한 상황이다. 그 이유는 첨예한 이해관계로 인해 카스피해가 바다인지 호수인지를 놓고 결론이 나지 않고 있기 때문이다. 카자흐스탄, 아제르바이잔, 투르크메니스탄은 카스피해를 바다로 보고 영해와 대륙붕에 대한 독점적인 권리를 주장하고 있는 반면, 러시아는 구소련 지역 자원에 권리가 있다는 입장이다. 한편 이란은 카스피해가 호수이기 때문에 모든 국가에 똑같이 20%씩 지분이 있다는 입장이다. 카스피해는 '시추공만 뚫으면 석유가 쏟아진다'는 말이 있을 정도로 매장량이 풍부한 지역이다. 이는 국제 유가에도 커다란 영향을 미치고 있다. 2017년 6월 5일 사우디아라비아를 중심으로 한 7개국이 카타르와 단교하는 사태가 벌어지고 6월 7일 이란의 의사당과 호메이니 영묘에서 테러가 발생하는 등 중동 정세가 불안정한 데다 석유수출국기구OPEC가 감산을 합의했음에도 불구하고 국제 유가는 상승하지 않고 오히려 지속적으로 하락하고 있다. 중동이 세계 에너지 시장에서 중요한 지역이라는 사실은 분명하지만 과거와 비교해볼 때 그 위상이 낮아지고 있음은 분명하다.

2011년 아랍의 봄은 미국의 중동 정책에 대한 근본적인 도전을 상징한다. 2011년 5월 19일 오바마 미국 대통령은 국무부 청사에서 연설하면서 중동평화구상을 다음과 같이 발표했다. "이스라엘과 팔레스타인의 국경선은 1967년 제3차 중동전쟁 이전 경계에 근거해서 출발해야 한다." 이는 미국 정부의 기존 입장과 커다란 차이를 보인 것이다. 미국 정부는 제3차 중동전쟁 이전의 국경선을 요구하는 팔레스타인의 주장에 대해 이스라엘과의 협상이 필요하다고 주장해왔다. 이 선언은 9·11 테러 이후 중동 패러다임이 전환되고 미국의 중동 정책이 변화했음을 상징하는 것이다.

아랍의 봄은 리비아, 알제리, 시리아 같은 반미 국가뿐만 아니라 튀니지, 이집트, 바레인, 예멘 같은 친미 국가에서도 나타났다. 특히 미국의 주요 협력 파트너인 무바라크 이집트 정권이 붕괴한 것은 미국의 중동 정책을 전면 수정해야 함을 의미하는 것이자 친미 아랍 국가의 위기를 상징하는 것이었다. 이에 따라 친미와 반미의 이분법적 구도를 초월한 실용주의 노선이 부각되면서 새로운 탈이데올로기 현상이 대두되고 있다. 또한 아랍의 봄 이후 정권 교체와 내전이 지속되면서 중동 내 세력 균형이 흔들리고 있으며 권력 공백 현상도 나타나고 있다. 특히 시리아 내전과 이라크 내전이 장기화되면서 2014년 IS가 등장해 중동 상황은 매우 복잡하게 전개되고 있다. 아랍의 봄 이후 미국의 중동 정책은 적극 개입에서 중재로 바뀌었고 중동의 세력 균형을 유지하는 한편 중동을 견제하는 정책이 구체화되었다. 이에 대한 새로운 방안으로 이란과의 관계 개선이 본격화되었다.

2013년 6월 14일 제11대 이란 대통령선거에서 압도적인 지지로 당선된 성직자 출신의 중도파 하산 로하니는 8월 4일 공식 취임하면서 "이란은 제재를 통해 항복을 강요받거나 전쟁의 위협에 굴종할 수 없다"라면서 "국제사회가 이란과 교류할 수 있는 유일한 방법은 동등한 입장에서 대화를 통해 상호 신뢰와 존중의 관계를 만드는 것이다"라고 말했다. 그는 이란에 적대적인 국가들에 대해 "적절한 반응을 얻고자 한다면 제제의 언어가 아닌 존중의 언어를 사용해야 한다"라고 강조했다. 8월 6일 로하니 이란 대통령은 취임 후 첫 기자회견에서 "지혜와 희망의 정부"를 모토로 내세우면서 "이란은 핵 프로그램을 둘러싼 논쟁에서 진지한 대화로 임할 준비가 되어 있다"라고 밝혔다. 그는 조속한 시일 내에 유엔 안보리 5개 상임이사국 및 독일(P5+1)과의 핵협상을 재개할 것이라고 말했고 만약 미국이 진정성을 보여주고 협박의 언어를 사용하지 않으면 양국 간의 대화도 가능하다고 밝혔다. 9월 17일 로하니 이란 대통령은 미국 NBC 방송과 가진 인터뷰에서 평화로운 핵 기술을 추구한다는 기존 입장을 반복했지만 핵 문제를 풀기 위해 정치적 융통성을 발휘할 수 있다고 밝혔다. 또한 그는 20일자 ≪워싱턴포스트≫에 "왜 이란은 건설적 관계를 추구하는가"라는 제목의 기고문을 실어 세계는 변했으며 피에 젖은 반목의 시대는 지나갔다고 강조했다. 그는 취임 이후 공식 발표를 통해 서방과의 관계 개선을 피력했는데 이는 사실상 미국과의 직접 대화를 제안한 것이다.

이란과 P5+1은 2015년 10월부터 세 차례에 걸쳐 회담을 개최한 결과, 2014년 11월 24일 이란에 대한 유엔 안보리와 서방 국가들의 제재를 완화하는 대신 이란의 핵개발 프로그램을 규제한다는 6개월간의 잠정합의안에 합의했다. 그 뒤 이란과 P5+1은 2015년 4월 2일 스위스 로잔에서 '공동행동계획의 핵심요소'를 합의했고 7월 14일 오스트리아 비엔나에서 '포괄적 공동행동계획JCPOA을 타결했다. 이란 핵협상은 사실상 이란 핵 프로그램을 제한하는 방안과 대이란 경제제재를 해소하는 방법에 대한 합의안을 도출하는 과정이다. 최종 합의안은 159쪽에 이르는 방대한 분량으로, 그 주요 내용은 이란의 핵 시설에 대한 완전한 사찰과 국제원자력기구IAEA의 사찰 결과에 따라 2016년부터 이란에 대한 서방의 제재를 해제한다는 것으로 요약할 수 있다.

그 내용을 자세하게 살펴보면 이란은 향후 15년간 핵무기 개발의 핵심

물질인 플루토늄 및 농축 우라늄의 생산 능력과 보유량을 대폭 감축하기로 했다. 즉, 3.67%의 저농축 우라늄 수준을 유지하고 보유 중인 저농축 우라늄을 1만kg에서 300kg으로 제한하기로 했다. 또한 이란의 모든 핵 개발 의심 시설에 대한 국제원자력기구 사찰단의 접근을 허용하고 재래식 무기 금수조치는 5년간, 탄도미사일 기술금지는 8년간 유지하기로 했다. 하지만 이란이 합의 내용을 이행하지 않을 경우 65일 이내에 경제제재가 부활하는 반면, 합의 내용을 10년간 준수할 경우에는 모든 조항을 무효화하기로 했다. 이란 핵협상 결과로 2016년 1월 16일 서방의 경제제재가 해제되었고, 이로써 이란은 짧게는 10년, 길게는 37년 만에 국제사회로 복귀하게 되었다.

이 핵협상은 단순히 13년 만에 극적으로 타결된 정치적 합의라는 차원을 뛰어넘는 중요한 국제정치적 함의를 가지고 있었다. 1979년 이란 이슬람혁명과 미국 대사관 인질 사건 이후 단절되었던 미국과 이란의 관계가 커다란 전환점을 맞을 가능성이 높기 때문이었다.

하지만 2016년 제45대 미국 대통령선거에서 트럼프가 당선되면서 미국과 이란의 관계는 또 다시 새로운 국면으로 접어들었다. 미국은 현재 이란 핵협상 폐기론과 재협상론을 제기하면서 이란을 압박하고 있다. 이란 핵협상은 미국과 이란의 일대일 협정이 아니라 P5+1(미국, 영국, 프랑스, 중국, 러시아, 독일)과 이란의 다자간 협정이기 때문에 미국이 독단적으로 협정을 폐기하거나 재협상을 추진하기는 어려운 상황이다. 그럼에도 불구하고 트럼프 미국 대통령은 2018년 5월 8일 이란 핵협상이 이란의 핵개발을 막지 못하고 있다고 주장하면서 이를 파기하겠다고 발표했다. 한편 그는 "이란과 새로운 협상을 할 준비가 되어 있다"라면서 "이란 지도자도 지속적인 협상을 원할 것"이라고 말하기도 했다.

이에 따라 미국은 2018년 5월 8일부터 90일과 180일의 유예기간을 거친 후 2015년 이란 핵협상으로 중단되었던 이란제재를 다시 가할 것으로 알려졌다. 90일이 지난 8월 6일부터는 ① 이란의 달러 매입 제재, ② 이란의 귀금속 거래 제재, ③ 이란의 알루미늄, 철강, 석탄 거래 제재, ④ 이란의 리알화 거래 제재, ⑤ 이란 채권 발행 제재 등에 돌입한다. 180일이 지난 11월 4일부터는 ① 이란 항구 운송 제재, ② 이란 석유 회사들과의 석유제품 거래 제재, ③ 이란 중앙은행과 해외 금융 기관의 금융 거래 제재, ④ 이란의 보험업 관리 감독, ⑤ 이란 에너지 섹터에 대한 제재 등이 시작된다.

하지만 미국의 이러한 조치에 대해 중국과 러시아뿐만 아니라 영국, 프랑스 및 독일도 반발하고 있다. 영국, 프랑스, 독일 3국은 공동 성명을 내고 "이 협정은 여전히 우리의 안보에 중요하다"라며 이란 핵협상을 유지하겠다는 뜻을 재차 강조했다. 또한 3국은 "우리는 미국이 이란 핵협상의 틀을 온전히 유지하고 모든 참여국의 협정 이행을 방해하는 조치를 취하지 않을 것을 촉구한다"라고 했다.

현재 이란 핵협상은 새로운 상황으로 전개되고 있다. 4월 18일 이란 중앙은행은 외환 계정을 표기할 때 달러 대신 유로를 사용하겠다고 밝혔다. 이에 따라 이란은 자국 통화 리알의 가치를 표기할 때 유로를 기준으로 삼게 되었다. 미겔 아리아스 카네테$^{Miguel Arias Canete}$ EU 에너지·기후 담당 집행위원은 5월 19일 테헤란을 방문해 이란중앙은행에 유로화를 직접 송금하는 방법을 이란 정부에 제안했다고 밝혔다. 이에 이란 정부는 유로화로 유럽과의 거래를 전담할 특수은행 설립에 착수하겠다고 말했다. 이러한 움직임이 세계경제를 지배했던 '달러 패권주의'를 흔들 수 있을지는 아직 미지수이다. 하지만 이 결과에 따라 세계 정치경제 지형에 새로운 변화가 나타날 수도 있다.

[시아파 위협론의 출현]

2003년 이라크 전쟁 이후 등장한 시아파 초승달 이론

수니파 중심의 전통적인 중동질서에서 시아파의 영향력이 확대되면서
시아파 대 수니파의 종파 갈등이 중동 분쟁의 주된 요인으로 등장하고
있다.

발리 나스르Vali Nasr 존스 홉킨스대 교수는 『시아파의 부활The Shia Revival』이
라는 저서에서 2003년 이라크 전쟁 이후 사담 후세인 정권이 몰락하면서
이슬람세계의 수니파와 시아파 간의 전통적인 역학관계가 변했다고 지
적했다. 그는 수니파와 시아파의 갈등이 지속될 가능성이 높기 때문에
이슬람 내부의 분열이 향후 이 지역의 주요 분쟁이 될 것이라고 규정했
다. 또한 나스르는 시아파의 부활을 크게 세 개의 축으로 분류했는데, 새
롭게 등장한 이라크의 시아파, 지역적 리더로 부상한 이란, 그리고 레바
논, 사우디아라비아, 쿠웨이트, 아랍에미리트 및 파키스탄으로 이어지는
시아파 연대이다. 이 세 축은 중동정치에서 시아파의 영향력을 강화시키
기 위해 서로 연결되어 있다고 강조했다.

영국 더럼대의 아누시바란 에흐테샤미Anoushivaran Ehteshami 교수는 문화
프리즘을 통해 중동을 분석했다. 그는 2003년 이후 나자프와 카르발라
같은 이라크 도시에서 발생한 아슈라 의식이 대중적으로 성공을 거둔 것
을 언급하면서 시아파의 깊이와 활력을 강조했다. 또한 그는 '시아파의

각성The Shia Awakening'이 성장하고 통합될 수 있다면 오스만투르크 제국의 영토를 부활시키는 정치질서의 토대가 될 수 있다고 주장했다.

2000년대 중반부터 '시아파의 팽창'이라는 용어가 급부상했는데 이 용어는 이슬람세계의 갈등과 분열을 상징하는 의미로 사용되었다. 이러한 현상을 규정하기 위해 '시아파의 부활', '시아파의 자각', '시아파의 물결', '시아파의 위협' 같은 수많은 동의어가 사용되고 있다. 이는 팽창주의적이고 통합된 종파 정치가 초국가주의 운동으로 등장한다는 뜻이자 수니파 중심의 중동질서와 종교적 지도력에 대한 시아파의 연대를 뜻하는 것이기도 하다. 그렇다면 현재 중동에서는 시아파의 연대가 실제로 존재하는가? 또한 시아파의 연대가 이루어져 수니파 국가들을 위협하고 있는가? 이러한 정치적인 종파주의 수사학은 어디에서 왔을까? 이를 분석하기 위해서는 특정한 문화적 역학 관계와 2003년 이라크 전쟁 이후 형성된 갈등구조를 파악함으로써 '시아파의 위협'과 '수니파 대 시아파의 분열'이라는 용어가 등장한 배경을 파악해야 하다.

2004년 12월 8일 압둘라 2세 요르단 국왕은 《워싱턴포스트》와의 인터뷰에서 '알 힐랄 알 시이al-Hilal al-Shii'라는 용어를 만들어 '시아파 초승달'의 위협을 경고했다. 그는 '시아파의 팽창'이 역내의 전통적인 문화구조를 변화시키고 있으며 아랍세계와 이슬람세계를 위협하는 요인이라고 설명했다. "만약 친이란 정당이나 정치인이 새로운 이라크 정부를 장악한다면 이란에서 이라크, 시리아 및 레바논까지 뻗어나가는 시아파 운동이나 정부로 구성된 새로운 초승달이 나타날 것이다. 이로 인해 두 종파 간의 전통적인 세력 균형이 바뀔 것이며 미국과 동맹국의 이해관계에 새로운 도전으로 등장할 것이다." 이러한 발언에 대해 비난 여론이 일어나자 압둘라 2세는 일부 제한된 상황에 대한 진술이라고 변명했지만 자신

이란의 레이에 위치한 샤 압돌 아짐 모스크에서 거행되는 한 장례식 장면. 앞에는 남성이, 뒤에는 여성이 서는 것이 관례이다.

의 주장을 철회하지는 않았다.

시아파 초승달 이론은 곧바로 정치계, 언론계뿐만 아니라 중동의 대중적 관심사로 확산되었다. 2006년 4월 8일 호스니 무바라크 이집트 대통령은 알 아라비아 방송과의 인터뷰에서 "시아파는 거주국에 상당한 비율을 차지하고 있으면서도 그들의 조국보다는 이란에 대해 충성하는 경향이 있다"라고 지적하면서 시아파의 영향력 확대를 우려했다. 2006년 11월 압둘라 사우디아라비아 국왕의 자문관이던 나와프 오바이드Nawaf Obaid는 ≪워싱턴포스트≫와의 인터뷰에서 "이라크를 분열시키기 위해 이란의 지원을 받는 시아파에 대항해 사우디아라비아의 수니파 형제들이 대대적으로 개입할 필요가 있다"라고 말했다. 사우디아라비아 국왕도 여러 차례에 걸쳐 이란이 수니파 국가들의 개종을 주도하고 있다고 비난했다.

하지만 1990년대 초 사담 후세인 정권이 쿠르드족과 시아파를 억압했을 때에는 사우디아라비아 당국자들은 어떠한 입장도 밝히지 않았다.

2004년 예멘 정부는 사다 지역에서 대대적인 봉기가 일어나자 이란과 연계된 국제 시아파 조직이 배후라고 주장했다. 예멘 정부는 예멘의 자이드파가 이란과 관계를 맺고 있으며 자이드파는 예멘에 충성하지 않는 존재들이라고 주장했다. 2007년 2월 28일 사우디아라비아 신문 ≪아샤르크 알 아우사트Asharq al-Awsat≫는 "저항을 지원하거나 약자를 돕는다는 명분으로 아랍 지역에서 이란의 팽창과 침투에 관한 논의가 지속되는 가운데 이러한 활동의 중심이 시아파 초승달이라고 알려진 이라크에서 팔레스타인으로 뻗어나가고 있다. 더욱이 이란 정보부의 강력한 후원으로 시아파들의 파괴적인 활동이 더욱 심하게 나타나는 또 다른 장소가 있다. 바로 예멘이다"라고 전했다.

바레인 정부 역시 비슷한 논리로 왕정 체제에 반대하는 대중적인 불만이 터져 나올 때마다 외부 세력(이란)의 불순한 개입이라고 주장했다. 바레인 인구의 70%를 차지하는 다수파인 시아파의 반왕정 투쟁은 이슬람 내부의 종파 갈등이나 신학적인 문제보다 2등 국민으로 대접받는 시아파의 사회경제적 차별에 기인한다고 볼 수 있다. 사우디아라비아와 같은 아랍 국가들은 반시아파라는 카드를 자국의 통치 기반을 강화시키기 위한 목적으로 활용하고 있다. 시아파 초승달 이론을 강조하는 아랍 국가들은 사실상 역내 시아파의 부활보다는 개혁과 변화를 갈망하는 민주화 운동을 우려하고 있다.

2009년 3월 6일 모로코 정부는 이란이 바레인의 주권을 침해했다면서 이란과의 외교관계를 단절한다고 발표했다. 이는 이란 고위 관리가 "바레인이 과거 이란의 영토였다"라고 발언한 데 대한 항의조치였다. 또한 모로코는 이란이 모로코 내의 테러단체를 지원한다고 비난하면서 이란이 모로코 공동체에서 시아파 선교를 하고 있다고 지적했다. 더 나아가 모로코는 자국 내 시아파 서적들을 금서로 지정했다. 모로코 주간지 ≪마록 헵도Maroc Hebdo≫는 "수만 명의 젊은이들, 특히 북아프리카 젊은이들이 시아파로 개종했다"면서 "이란 대사관이 콤의 교육과정을 전파하고 있다"라고 전했다.

2009년 9월 29일 벨기에 주재 모로코 대사인 사미르 아다흐라Samir Addahra는 "우리 모로코는 모로코와 벨기에 간 협력을 위해 최선을 다하고 있다. 그중 하나로 강조하고 싶은 것은 벨기에 내 모로코 공동체가 양국 모두를 공유하며 모로코 수니파에 속한 말리키 법학파의 정신이기도 한 관용과 개방의 정신에 따르고 있다는 것이다. 모로코 공동체에서 말하는 이슬람은 시아파나 와하비즘과는 다르다. 모로코는 국가 영토와 모로코 디아스포라에서 선교 사업을 하고 있는 이란과 외교 관계를 단절했다." 모로코의 단일문화 정체성은 모로코 왕정체제의 생존과 일치한다. 모로코 정체성에 대한 문화적 위협은 이란의 영향력에 맞서기 위한 정치적 도구이다. 모로코에 시아파가 침투한 것은 국가 정체성을 위협하는 종교적인 문제이거나 외세 개입의 문제이기보다는 모로코 정부의 정통성에 대한 뿌리 깊은 정치적 갈등을 상징한다.

시아파 초승달이라는 용어가 요르단에서 처음 만들어졌다는 것은 난민 유입 문제와 관련해 평가해볼 수 있다. 1980년대 이란-이라크 전쟁 시기와 1990년대 걸프 전쟁 시기 동안 이라크 난민은 주변국으로 피신했다. 2003년 이라크 전쟁 이후 이 수치는 크게 증가해 주변국의 심각한 사회문제로 등장했다. 2007년 유엔난민기구UNHCR 보고서에 따르면 "난민 문제에 대응하는 주변국의 능력은 한계점에 이르렀다. 최근 몇 달 전

이라크 난민의 종교 현황

국가명	수니파	시아파	기독교	종파가 확인되지 않은 이슬람교	사비안 만데안교	야지드교	기타
시리아	58%	19.5%	14.5%	2.9%	4%	0.7%	0.6%
요르단	59%	27%	12.5%	n.a	0.7%	0.2%	0.6%
레바논	20.9%	44.2%	34.6%	0.2%	-	-	0.1%
이집트	n.a	n.a	2%	96%	n.a	n.a	2%
터키	22.6%	7.8%	63.9%	3.8%	0.2%	1.3%	0.5%

자료: UNHCR, "Iraqi Situation Update"(UNHCR, August 2007).

부터 이라크 난민들에 대한 비자 발급을 제한하는 조치가 검토되기 시작했다. 만약 이 조치가 도입된다면 이라크 난민들은 안전한 피난처를 찾는 데 더욱 어려움을 겪을 것이다."

이 자료에 따르면 시리아와 요르단은 이라크 난민의 주요 유입국임을 확인할 수 있다. 요르단의 경우 이라크 난민의 27%가 시아파인데, 요르단의 시아파 난민은 레바논을 제외하고는 가장 많은 비중을 차지하고 있다. 물론 이라크 난민 가운데 수니파의 비중이 시아파보다 2배 이상 많긴 하지만, 역사적으로 요르단에서 이렇게 많은 시아파 인구를 받아들인 적은 없었다.

난민 문제는 요르단에서 가장 중요한 사회정치적 문제이기도 하다. 과거 요르단 내에 점차 증가하는 팔레스타인 난민은 요르단의 통치엘리트와 긴장 관계를 유지해왔다. 요르단 초대 국왕 압둘라 1세는 1951년 7월 20일 알 아크사 모스크에서 팔레스타인인에 의해 살해당했고 후세인 국왕은 1970년 9월 16일 계엄령을 선포해 팔레스타인해방기구 산하 '검은 9월단Black September'과 내전을 벌였다. 이라크 난민의 경우 초기에는 부유한 이라크인들이 들어오면서 요르단 경제에 많은 도움이 되었지만 지속

동예루살렘에 있는 알 아크사 모스크.

적으로 많은 난민이 몰려들자 심각한 국내 문제로 등장했다. 요르단 정부는 처음에는 이라크 난민의 유입을 요르단 내에 다수를 차지하는 팔레스타인 인구를 견제할 수 있는 긍정적인 현상으로 보았다. 하지만 이라크 난민의 수가 점차 증가하면서 다양한 사회문제가 발생하자 요르단은 자국의 정치경제적 위기를 이라크 난민 유입 문제로 돌렸다.

일례로 2002년에서 2006년 동안 요르단의 석유 가격은 4배 정도 오르면서 심각한 인플레이션에 직면했는데, 이는 사담 후세인과 맺었던 수익성 높은 계약을 파기함에 따라 나타난 문제이자 세계은행WB과 국제통화기금IMF이 제시한 긴축 정책에 따라 석유보조금을 줄이면서 나타난 현상이었다. 또한 요르단의 통화정책은 요르단 디나르를 달러와 고정화시키는 것이었는데 2000년대 초반 달러가 약세로 돌아서면서 미국이 경제위기에 처하자 요르단 경제도 심각한 위기상황에 직면했다.

이러한 측면에서 살펴보면 요르단의 경제위기는 다양한 구조적인 문제점에 기인한 것이었다. 하지만 요르단 정부는 이라크의 난민 유입, 특히 시아파의 확대를 요르단 경제위기의 주된 요인으로 지적했다. 2008년 유엔난민기구 보고서에 따르면 2003년 이후 요르단에는 다음과 같은 매우 왜곡된 인식이 확산되었다고 한다. "암만의 요르단인들에게 요르단에 살고 있는 이라크인들에 대해 물어보면 이라크인들이 거의 모든 물가를 올렸다고 즉시 알려줄 것이다." 더욱이 이라크 시아파에 대한 시각도 매우 악화되었다. "요르단인들은 시아파가 실제로 무슬림이 아니며 수니파를 개종시키려 한다고 믿고 있다. … 2004년 말 압둘라 국왕이 만든 용어인 시아파 초승달에 대한 언급은 요르단이 적대적인 외부 세력에 둘러싸여 있다는 대화에서 자연스럽게 나온 것이었다." 이처럼 이라크 난민 문제는 왜곡된 정치적 이미지와 대중적 불안감을 조성했다.

과거에도 이라크 난민이 요르단으로 유입된 적은 있었다. 1990년대 걸프 전쟁 이후 이라크 중부와 남부에 거주했던 시아파들이 요르단으로 대거 이주했지만 당시에는 그들의 유입이 심각한 종파 간 불신으로 발전하지는 않았다.

발리 나스르 교수는 이란과 이라크 사이에 오랜 세월 지속된 역사적 이주로 인해 두 국가의 시아파 공동체가 다양하고 중층적인 연계를 만들었다고 지적했다. 그는 시아파 공동체 간의 문화적 연대를 강조했지만 2003년 이라크 전쟁 이후 아랍세계에서 불거진 난민 문제와 시아파 초승달 이론을 제기한 요르단에서 발생한 반시아파 감정 간의 직접적인 상관관계에 대해서는 언급하지 않았다. 이는 이라크 난민의 특정 집단을 시아파로 규정함으로써 이러한 위기를 초래한 근본 원인을 간과한 것이다. 사실상 요르단의 사회경제적 위기는 이란 주도의 시아파 초승달 이

론을 확산시키는 직접적인 계기가 되었다. 즉, 2003년 요르단의 사회정
치적 상황은 2004년 시아파 초승달 위협론을 제기한 정치 담론과 밀접
한 상관관계를 가지고 있다고 할 수 있다.

반시아파 운동

2006년 7월 레바논 전쟁 이후 헤즈볼라의 지도자 하산 나스랄라는 서방
에 맞서 아랍민족주의를 주도한 가말 압델 나세르Gamal Abdel Nasser 이집트
대통령에 버금가는 인물로 부각되었고 나아가 아랍 역사상 최고의 영웅
으로 칭송받기도 했다. 또한 헤즈볼라는 아랍세계뿐만 아니라 이슬람세
계 저항운동에서도 구심점으로 등장했다. 34일간 치러진 레바논 전쟁에
서 중동 최강의 군사력을 보유한 이스라엘군은 헤즈볼라 민병대를 상대
로 고전했고 이로써 사실상 이스라엘 전쟁불패의 신화가 무너졌다. 이스
라엘은 과거 네 차례에 걸쳐 치른 중동전쟁에서 한 번도 패배한 적이 없
었으나 헤즈볼라에는 속수무책이었다.

　2006년 이후 사우디아라비아는 대대적인 반시아파 운동을 벌였다. 고
위급 살라피 성직자 압둘라 빈 지브린Abdullah bin Jibrin은 시아파는 변절자
이기 때문에 헤즈볼라를 도덕적으로 지지하는 것은 수니파에 대한 죄악
이라고 주장했다. 사우디아라비아의 이슬람 전도사인 맘두 이븐 알리
알 하르비Mamduh ibn Ali al-Harbi는 시아파가 불신자이자 이란의 대리인이며
이슬람세계를 장악하기 위한 숨은 의도를 가지고 있다고 말했다. 사우
디아라비아에서는 유대인보다도 시아파가 무슬림에게 더 큰 위협이라
는 주장도 등장했으며 심지어 헤즈볼라의 지도자 하산 나스랄라가 '사탄
의 아들'이라는 소문까지 퍼졌다. 사우디아라비아의 성직자들은 반시아

파 정서를 적극적으로 전파했다. 그들의 발언은 사실상 사우디아라비아 왕가의 정치 담론과 매우 밀접하게 관련되어 있다. 이것은 사우디아라비아의 군주제가 성직자 조직을 통해 정치적 합법성을 유지한다는 것을 보여준다.

2003년 사담 후세인 정권이 몰락한 이후 사우디아라비아에서 정치개혁과 사회개혁을 요구하는 시위가 일어나자 2005년 사우디아라비아는 역사상 처음으로 직접선거를 통해 지방행정자문회의 위원을 선출했다. 사우디아라비아의 반시아파 운동은 이 시기부터 본격적으로 나타났다. 이집트 출신의 이슬람 신학자로 무슬림형제단의 영적 지도자이며 알 자지라 뉴스채널에서 이슬람 프로그램을 진행하는 유수프 알 카라다위 Yusuf al-Qaradawi는 시아파가 수피즘을 교두보로 삼아 이집트에 침투하고 있다고 비판했다. "우리는 시아파로 개종하기를 원하지 않으며 동시에 시아파를 수니파로 개종시키고 싶지도 않다. 이러한 관점에서 우리는 수니파의 땅에 시아파가 침투하는 것을 거부한다." 2008년 사우디아라비아 신문 ≪아샤르크 알 아우사트≫와 가진 인터뷰에서 그는 튀니지, 모로코 및 그의 고국 이집트와 같은 수니파 국가들에서 시아파의 수가 증가하고 있다고 불평했다. 또한 그는 시아파의 타키야 관행으로 인해 자료를 얻을 수 없기 때문에 정확한 수치를 제시할 수 없다고 말했다. 타키야는 소수파인 시아파가 다수파인 수니파의 정치종교적 억압과 박해를 피하기 위해 자신의 신앙을 감추는 방어수단 및 위장행위를 의미한다.

우지 라비 텔아비브대 교수는 2006년 이후 아랍 언론들이 이슬람세계의 분열을 상징하는 '시아파의 팽창'을 집중적으로 보도하기 시작했다고 지적하면서 '시아파의 물결', '시아파의 위협', '시아파의 부활'이라는 다양한 용어가 등장했다고 주장했다. 2007년 2월 27일 ≪아샤르크 알 아우사트≫는 "예멘과 초승달 모양의 긴 팔"이라는 제목의 기사를 썼다. "예멘 신문들은 알 후티의 추종자들 가운데 이라크 전사들이 출현한다고 지적했다. 한 예로 몇몇 이라크인이 체포되었고 동시에 시체도 발견되었다. 예멘에서 이란의 물라 조직이 재건되었다는 소문도 있다. 예멘에서는 과거 이란 출신의 과격한 시아파 조직이 목격되었는데, 이들은 이라크 이슬람혁명최고위원회SCIRI 헤즈볼라, 예멘의 알 하크당 같은 정당이나 조직과 연계해서 활동하고 있다. 이란의 초승달과 그 여파로 인해 예멘의 상황은 간과하거나 무시할 수 없는 위험한 방식으로 발전하고 있다."

2011년 5월 13일 아랍 위성방송 알 자지라 뉴스채널에서는 바레인 정부가 반정부 시위대의 인권을 침해한 사건을 아랍국가들(튀니지, 이집트, 시리아, 예멘 등)의 인권 침해 사건과 비교하면서 보도했는데, 영국의 일간지 ≪인디펜던트≫의 중동 특파원 로버트 피스크는 이에 대해 다음과 같이 논평했다. "이 작은 섬 바레인에서는, 수니파 군주제 알 칼리파 왕가는 다수파인 시아파를 통치하며 민주적인 시위를 사형선고, 대량 체포 및 투옥으로 대응했고 … 사우디아라비아 군대를 '초대'했다. … 알 자지라 뉴스채널은 이에 대해 침묵했다. 나는 종종 그들의 다른 우수한 아랍어판 및 영문판 언론에 등장하지만 바레인 사태에 대한 그들의 언급은 수치스럽다. 카타르의 아미르 — 나는 그를 알고 또한 좋아한다 — 는 이런식으로 자신의 텔레비전 제국을 얕잡아볼 필요는 없다. … 의사의 반응에는 두려움과 공포가 섞여 있었다. 그들은 이전에는 그렇게 근거리에서 총상을 본 적이 없었다. 만약 이런 일이 다마스쿠스, 홈스, 하마, 알레포에서 일어났다면 오바마와 클린턴의 목소리가 우리 귀에 울렸을 것이다. 하지만 지금은 그렇지 않다. 오로지 침묵만 있을 뿐이다. … 도대체 이게 무슨 말도 안 되는 소리란 말인가? 자, 이제 내가 당신에게 말하겠다. 바레인 사태는 바레인인이나 알 칼리파와는 전혀 관련이 없다. 바레인 사태는 사우디아라비아에 대한 우리의 두려움과 관련되어 있다. 그것은 또한 석유와 관련되어 있다. … 나는 바레인 관계자에게 왜 바레인 총리가 다수파인 시아파에 의해 선출될 수 없었는지 물어보았다. 그는 사우디아라비아가 결코 허락하지 않을 것이기 때문이라고 말했다."

걸프 왕정 국가들은 반시아파 운동을 통해 정치개혁에 대한 국민들의 요구를 전환시키려 했다. 로버트 피스크는 2011년 5월 14일 자 ≪인디펜던트≫에 "바레인 군주가 시아파 모스크를 파괴했고 시위대는 이란의 음모에 따라 움직이며 시위대가 진주 광장의 상징인 진주 동상을 파괴해 나라의 역사를 변형시켰다고 바레인 정부는 주장했다"라고 보도했다. 바레인 정부의 미디어 전략은 시위대를 이란의 지원을 받아 군주제를 전복시키려는 사악한 시아파로 묘사하는 것이었다.

2011년 4월 7일 알 아라비야al-Arabiya 뉴스채널은 다음과 같이 보도했다. "쿠웨이트 신문 ≪알 사예사al-Sayessah≫의 아흐메드 알 자랄라Ahmed al-Jarallah 편집장은 2011년 4월 6일 이란이 걸프 지역에서 시아파 혁명을 선동하고 있다고 주장한다. 또한 그는 바레인의 사례를 인용하면서 걸프 국가 내에서 이란의 비밀 요원들이 파업과 시위를 조직해 국가 안보를 불안정하게 만들고 경제를 곤경에 빠뜨렸다고 비난하고 있다." 더 나아가 알 아라비야는 "자랄라는 걸프 국가들은 상상의 적을 만들지 않았으며 이란의 음모는 매우 심각하다고 주장하면서 헤즈볼라를 아바시야 왕조 칼리프 하룬 알 라시드Harun al-Rashid 시대에서 제거될 때까지 막강한 정치권력을 누렸던 이란 출신의 바르마크 가문에 비유했다"라고 보도했다.

바레인 정부는 모든 불안 요인을 시아파의 문제로 단순화시켰다. 바레인 인권센터의 나빌 레자압Nabil Rejaab 부원장은 2011년 3월 알 자지라 뉴스채널과의 인터뷰에서 "이것은 종파 간 분열이 아니라 바레인의 위협이 심각하다는 것을 보여주기 위한 정부의 노력이다. 이것은 봉기이다. 국민들은 정치적 권리를 원한다"라고 말했다.

바레인 사태에 군대를 파견한 사우디아라비아 정부의 조치에 대해 사우디아라비아의 경제학자 압둘라 알 알라미 Abdullah al-Alami는 "이것은 사우디아라비아의 군대라고 불리지 않는다. 또한 사우디아라비아의 군인이라고 불리지도 않는다. 이것은 '반도의 방패'라고 불린다"라고 비평했다. 걸프 국가들은 사회정치를 개혁하려는 국내의 압력을 막기 위해 시아파를 위협하는 외부의 이미지를 적극적으로 사용했다. 이런 관점에서 볼 때 걸프 국가들 내에서 시아파 공동체는 시아파 초승달을 구축한다기보다는 자신들의 사회에서 정치경제적 권리를 보다 확대해줄 것을 요구하는 데 불과하다고 볼 수 있다.

2011년 1월 23일 알 자지라 뉴스채널은 다음과 같이 보도했다. "튀니지 과도정부는 이슬람주의 정당 알 나흐다당을 포함해 정치그룹에 대한 규제를 해제하겠다고 발표했다. 정치적 망명생활을 했던 알 나흐다당의 지도자 라시드 알 간누치 Rashid al-Ghannouchi는 알 자지라 뉴스채널과의 인터뷰에서 '알 나흐다당은 민주적이며 두려워할 필요가 없다'라고 말하면서 자신을 루홀라 호메이니와 비교하는 것을 거부했다. 라시드 알 간누치는 또한 '우리는 온건한 이슬람 운동으로, 이슬람 문화에서 민주적인 이상에 기반을 둔 민주적인 운동이다. 일부 사람들은 나를 호메이니의 가운으로 감싼다. 하지만 나는 호메이니도 아니고 시아파도 아니다'라고 밝혔다." 라시드 알 간누치는 언론을 통해 시아파와 이슬람 지하디스트라는 왜곡된 이미지가 자신에게 형성된 데 대해 강하게 반발했다. 반면에 2011년 1월 22일 알 아라비야 뉴스채널은 "벤 알리가 몰락한 이후 이슬람 강경파들이 알제리를 통해 튀니지의 이슬람 온건파들에게 침투하고 있다”라고 보도했다.

2011년 튀니지를 시작으로 아랍세계로 확산된 민주화 운동에 대한 아랍 언론들의 반응은 민주화 운동을 표현하는 용어를 통해 다양하게 나타나고 있다. 아랍 언론들은 초기에는 ‘아랍의 봉기’, ‘아랍의 혁명’, ‘아랍의 각성’, ‘아랍의 봄’ 같은 용어를 사용해 민주화 운동을 국가권력에 대항한 시민들의 자발적인 저항운동으로 규정하거나 사회정치적인 역학관계로 보았다. 하지만 점차 시간이 흐르자 이를 ‘아랍의 혼란’이라고 규정하면서 내부 갈등과 무질서로 묘사했다. 반시아파 운동도 정치적 의도를 띤 채 함께 진행되고 있다. 걸프 국가들은 집단적인 정체성을 이용해 외세의 개입과 국내 정치 문제를 결합시키고 있으며 이를 정치적인 목적과 수단으로 활용하고 있다.

또 다른 프레임 전쟁: 이슬람 대 서구 담론에서 시아파 대 수니파 담론으로

냉전이 종식된 이후 미국은 세계질서의 붕괴라는 관점에서 이슬람을 조명하기 시작했다. 소련이 ‘악의 제국’이었을 때, 미국은 소련에 속한 중앙아시아 이슬람 근본주의자들과 남부의 인접 국가들, 특히 아프가니스탄과 파키스탄의 이슬람 전사들을 거대한 공산주의 적과 싸우는 잠재적인 동맹으로 여겼다. 하지만 소련이 더 이상 위협적인 존재가 아니게 되자 미국은 이슬람을 새로운 위협으로 규정했다. 이 시기부터 이슬람은 본질적으로 반민주주의 세력이자 미국의 새로운 적이라고 정의되기 시작했다. 그 결과 이슬람 근본주의는 세속적인 서구세계에 반대되는 집단으로 표명되었고 과거의 볼셰비키, 파시스트, 나치 운동처럼 폭력적이고 공격적인 혁명 운동으로 규정되었다.

1993년 새뮤얼 헌팅턴^{Samuel Huntington} 하버드대 교수가 국제관계 평론 잡지 ≪포린 어페어스^{Foreign Affairs}≫에서 '문명충돌론'을 제기하자 세계는 이 이론을 둘러싸고 다양한 논쟁을 벌였다. 이러한 논쟁은 문명충돌론이 이론적 측면에서 중요할 뿐만 아니라 정치적 측면에서도 커다란 영향을 미치기 때문에 발발했다. 이 주장에 대해 가장 강력하게 반발하고 나선 곳은 바로 이슬람세계였다. 이슬람세계와 기독교세계의 충돌과 갈등에 대해 일부 서구의 학자들은 '문명충돌론'이라는 담론을 중심으로 더욱 설득력 있게 설명하려 했다. 이에 반해 이슬람세계에서는 이러한 서구 중심적 문명충돌론은 서구의 제3세계 지배이론이라며 비판했다. 1997년 하타미 이란 대통령은 이슬람회의기구^{OIC} 회담 이후 CNN과의 회견에서 '문명대화론'을 공식적으로 제기하면서 본격적으로 '문명충돌론'을 비판하고 나섰다. 이슬람세계가 '문명충돌론'을 비판하는 데 대해서는 서구 학자들도 수긍했다.

1999년 할라트 뮐러^{Harald Muller} 프랑크푸르트대 교수는 『문명의 공존』이라는 책을 통해 모든 문명의 공존과 평화를 강하게 주장했다. 하랄트 뮐러는 『문명의 공존』에서 27건의 분쟁 중 단 9건만 문명 간 충돌에 의해 발생했고 나머지는 단일 문명권에서 일어났다고 분석했다. 그는 분쟁이 문명 간의 대립 외에 다수와 소수 간의 갈등과 상이한 인종 간의 대립 구조에 의해서도 발생한다고 지적하고 있다.

헌팅턴 논제의 핵심은 냉전 이후의 세계에서는 문명들이 이데올로기를 대신해 근본적인 갈등의 근원이 될 것이라는 점이었다. '문명 간의 단층선^{fault line}'이 냉전의 정치 및 이데올로기적 경계를 대신해 위기 및 학살의 발화점이 되고 문화의 벨벳 장막이 이데올로기의 '철의 장막'을 대신하고 있다는 것이었다. 헌팅턴이 선택한 대립과 위협의 중심적 방향은 '서구와 나머지' 사이에서 끌어온 것이었다. 그는 이 관계의 중요성이 냉전 이후에서 새로운 우선순위를 차지할 것이라고 생각했다. 헌팅턴은 "냉전의 종식과 더불어 국제 정치가 서구의 위상에서 이동하면서 그 중심은 서구와 비서구 문명 간, 그리고 비서구 문명들 사이의 상호작용이 되고 있다"라고 분석했다. 따라서 그는 어떤 의미에서는 비록 문명 간의 관계가 인간 역사에서 좀 더 폭넓은 유효범위를 형성했다고 할지라도 최근까지의 국제관계는 서구 내의 관계에 중점을 두고 있기 때문에 국제관계에 문명 내의 관계가 결여되어 있다고 말한다. 이것은 현재까지 아랍 세계의 규율을 바라보던 서구 중심적 관점을 보여주는 것일 수도 있다. 헌팅턴은 이에 대해 "서구는 사실상 국제제도, 군사력 및 경제적 자원을 이용해 서구의 우월성을 유지하고 서구의 이해를 보호하고 서구의 정치·경제적 가치를 증진하는 방향으로 세계를 운영하고 있다"라고 꼬집고 있다.

헌팅턴은 서구가 이런 가치를 보편적인 것으로 조장해왔음을 인정하는 한편, 서구 문화가 다른 문명으로 '피상적'으로 침투했음에도 불구하고 서구 문화를 다른 문명에 보편적으로 적용할 수 있는지에 대해서는 의문을 던진다. 그러면서 서구 문화의 보편주의는 더 이상 효력이 없으며 세계는 문화 다원주의로 나아가고 있다고 주장한다. 그는 또한 비서구 사회가 서구의 가치와 제도에 전폭적으로 의존하지 않고 자신의 고유 문화를 유지하면서도 근대화할 수 있으며 또 그렇게 발전해왔다고 강조하는 한편, 서구의 가치를 주입시키려는 노력이 '다른 문명의 반격'을 유발했다고 주장한다. 헌팅턴의 주요 관심사는 서구의 입장 및 역할로, 현대 국제 사회에서 지속되고 있는 서구의 우월함preeminence이 내부의 힘보다는 외부로부터 위협을 받고 있다는 것이 그의 분석이다. 특히 서구의 주요 적 중 하나는 이슬람으로, 이 문명은 여러 세기 동안 서구에 대해 적대적이었던 것으로 묘사되고 있다.

반면에 이란 대통령 하타미는 문화, 종교, 또는 전통을 문명의 토대로 간주하는 헌팅턴의 개념과 차이를 보인다. 하타미는 문명이 초월적인 문화적 실체라는 가정을 비판한다. 그는 "새로운 문명은 진정한 의미에서 전혀 새롭지 않다. 새로운 문명은 항상 과거 문명의 업적을 양분해 자신에게 적합한 것은 전용 및 소화하고 그렇지 않은 것은 버리기 때문이다"라는 전제에서 출발한다. 하타미는 종교와 문명은 연관되어 있지만 서로 다른 것이라고 주장한다. 하타미는 종교뿐만 아니라 문화 또는 전통을 지적하면서 이 둘은 "인간 속에 깊이 뿌리 내리고 있으며 근원적인 문명보다 좀 더 오래 지속"될 수 있다고 말한다. 그는 새로운 문명이 출현할 때조차 전통은 과거의 유산과 현재 사이에 모순을 유발시키는 방식을 고집할 수 있다고 주장한다.

헌팅턴과 달리 하타미는 문명을 정적인 문화적 실체로 간주하는 것이 아니라 오히려 합리적인 인간의 창조물로 간주한다. 따라서 그 경계를 넘나들 수 있는 상호의존적인 창조물로 인식한다. 하타미의 견해에 따르면 실제적인 충돌은 문명 간보다 오히려 문명 내에서 일어난다. 이러한 충돌은 문명들이 자신의 독특한 정체성을 보호하는 동시에 자신을 나머지 세계와 연결시키는 방식으로 자생하는 데 필요한 충돌(또는 대화)이다.

9·11 테러 이후 미국은 테러와의 전쟁을 선포했고 이 전쟁을 '제2의 십자군 전쟁'으로 비화시키기도 했다. 이는 세계를 선과 악의 이분법적 구도로 단순화시키고 이슬람 대 서구라는 대립으로 확산시켰다. 이로 인해 문화중심주의라는 새로운 패러다임을 제시한 헌팅턴의 '문명충돌론'

이 재조명받게 되었다. 이분법적인 문화 패러다임은 정치경제적인 목적을 달성하기 위한 수단으로 활용되었다. 이러한 추세는 2000년 초반과 후반 세계경제의 침체가 본격화되면서 더욱 확산되었다. 이러한 담론은 이슬람과 무슬림에 대한 부정적인 시각과 이미지로 나타났고, 심지어는 이슬람과 무슬림에 대한 적대감을 표출하는 '이슬람 공포증'이라는 용어까지 등장했다. 정치적으로 이끌어낸 사회적 편견은 사회경제적 본질에 따른 구조적인 문제를 은폐하기 위해 광범위하게 전파된다.

2009년 6월 4일 오바마 미국 대통령은 이집트 카이로대학교에서 역사적인 연설을 했다. 오바마 대통령은 이 연설에서 다음과 같이 강조하면서 부시 전임 대통령의 선동적인 문화주의 담론을 바꾸기 위해 노력했다. "나는 미국과 전 세계 무슬림의 새로운 시작을 찾아 이곳 카이로에 왔다. 상호 이익과 상호 존중에 기초하고 미국과 이슬람이 서로 배타적이지 않으며 경쟁자일 필요가 없다는 진리에 기초한 시작 말이다. 오히려 둘 사이에는 공통점이 존재하며 둘은 공통된 원칙, 즉 정의와 진보의 원칙, 그리고 관용과 인간 존엄의 원칙을 공유하고 있다. … 나는 앙카라에서 미국이 현재 이슬람과 전쟁을 벌이고 있는 것이 아니며 미래에도 결코 그런 일은 없을 것이라는 점을 분명히 한 바 있다. 다만, 미국의 안보에 심대한 위협을 미치는 폭력적 극단주의자들에 대해서는 단호히 대처할 것이다. 미국은 어느 종교에서나 거부하는 행위인 무고한 인명의 살상을 거부하기 때문이다. … 일부 무슬림은 다른 이의 신앙을 거부함으로써 자신의 신앙을 측정하는 당혹스러운 경향을 보이기도 한다. 레바논의 마론파 교도이든지 이집트의 콥트 교도이든지 간에 종교적 다양성은 반드시 보장되어야 한다. 특히 이라크에서는 수니파와 시아파 간의 분리로 인한 비극적인 폭력뿐 아니라 무슬림 내의 분열적 단층도 종식되어야 한다."

오바마는 카이로 연설에서 '테러리스트', '테러리즘', '테러와의 전쟁'이라는 용어를 사용하지 않았으며 9·11 테러 이후 처음으로 미국과 이슬람의 화해를 언급했다. 하지만 이라크 내전이 발생한 원인에 대한 근본적인 문제 제기 없이 단지 이라크 내전을 무슬림 내 분열적 단층 또는 수니파와 시아파의 갈등으로 규정한 시각은 또 다른 담론으로 확산되는 계기가 되었다.

시아파와 수니파의 분열이라는 용어가 등장하기 시작한 것은 2003년 이라크 전쟁 이후였다. 발리 나스르는 이슬람 내의 분열이 향후 중동의 주된 갈등 요인이 될 것이라고 전망했다. 그는 부시 행정부가 이라크의 다수파인 시아파를 해방시켜 권력을 부여함으로써 이라크와 중동에서 종파 균형이 파괴되었고 이로 인해 앞으로 광범위한 시아파 부흥운동이 시작될 것이라고 주장했다. 이와 같이 그는 이란의 지역패권과 아랍 국가 내부에서 발생하는 정치 갈등을 주로 이슬람세계에서의 시아파 대 수니파의 종파 노선에 따라 분석했다.

발리 나스르의 분석은 중동사회에서 차별받았던 그룹의 문화적 정체성을 기반으로 한 정치적 역학 관계에 초점을 맞추고 있다. 그는 이라크의 시아파 정권을 보호하고 확대하기 위해 시아파 국가 간에 형성된 초국가적인 합의를 통해 시아파 부흥운동이 나타났다고 보고 있다. 발리 나스르는 모든 시아파는 비슷한 지역적 의제를 공유하고 있기 때문에 수니파에 대항한 문화적 차별성은 정치적인 이해관계에 불과하다고 파악하고 있다.

'시아파의 등장', '시아파의 부활', '시아파의 축', '범시아주의', '시아파 국제주의', '시아파 르네상스', '시아파 블록', '시아파 제국' 및 '시아파의

요르단 암만의 다운타운 와사트 알 발라드.

자각'과 같이 문화적 틀 내에서 등장하는 다양한 용어가 이러한 사고를 그대로 반영하고 있다. 이 모든 용어는 이미 문화가 지역갈등에서 나타나는 정치적·사회적 행동에 결정적이고도 주된 요인이라는 핵심 개념을 표현하고 있다. 하지만 시아파 해방을 추구하는 문화적 역동성은 중동의 민족국가라는 개념과, 이란의 외교 정책 및 지역의 상황 내에서 해석되어야 한다. 즉, 시아파가 부활하고 있는 현상을 분석할 때에는 시아파 정치종교 조직의 특성을 강조하기보다는 시아파가 살고 있는 중동의 현실을 중심으로 파악해야 한다.

헌팅턴이 '문명충돌론'이라는 가설을 형성하는 데 결정적으로 기여한 인물로 알려져 있는 버나드 루이스Bernard Lewis 프린스턴대 교수는 중동정치의 핵심에 놓여 있는 영구적이고 역사적으로 뿌리 깊은 특성을 종파주의라고 주장했다. 그는 종파주의가 지역 정치문화에 내재되어 있다는 점에서 종파주의도 중동인들의 민족적 특성이라고 묘사했다. 하지만 중동 정치의 물질적·지역적 영향력에 대해서는 아무런 언급도 하지 않았다. 상향식 문화적 정서에 중점을 두는 것은 매우 단순한 서술이다. 이는 중동이 독립적이고 다소 예외적인 문화적 성향으로 설명되는 독특한 특성을 가지고 있음을 보여준다. 특히 9·11 테러 이후 중동과 그 거주민에 대한 고정관념이 확대되었다. 일부 전문가들은 이러한 고정관념을 확대재생산하고 있다. 푸아드 아자미Fouad Ajami 스탠퍼드대 교수는 미국 의회에서 이슬람급진주의에 대해 "수니파는 살인적인 경향이 있고 시아파는 자살하는 성향이 있다"라고 증언했다.

아누시바란 에흐테샤미 교수는 무슬림 심장부와 미국 사이에 문화적 긴장감이 높다고 주장하는 한편, 이슬람 근본주의는 현대화(산업화, 도시화 등)에 대한 무슬림의 두려움으로부터 비롯되었다고 강조했다. 왜냐하면 무슬림들에게는 세계화 과정이 가속화되는 것이 이슬람 독창성이 종말을 맞는다는 것을 의미하기 때문이다. 또한 중동의 다양한 사건과 관련해 에흐테샤미 교수는 문화적 프리즘을 통해 정치적·사회적 역학관계를 설명하고 있다. 그는 2003년 사담 후세인 정권이 무너진 이후 나자프와 카르발라에서 실시된 아슈라 의식의 대중적인 성공을 인상적으로 언급하면서 이라크 시아파의 깊이와 활력을 강조했다. 그는 시아파가 이슬람 해석을 둘러싸고 사우디아라비아와 요르단 같은 수니파 이웃 국가들에게 공개적으로 도전하고 있다고 주장했다.

수니파 국가의 정치 엘리트들은 자국 내에 거주하는 시아파들의 민주적인 정치개혁과 시아파 차별 종식에 대한 요구를 두려워할 뿐만 아니라 주변국의 시아파들이 연대해서 문화적으로 도전할 수 있는 시아파 국제주의를 우려했다. 수니파 국가의 정치 엘리트들은 서로 다른 두 종파의 문화가 잠재적인 갈등 요인이라고 지적했다. 즉, 문화 자체가 갈등을 일으킬 수 있다는 것이었다.

서구의 '이슬람 공포증'과 중동의 '시아파 위협론'은 모두 문화적 틀을 중심으로 분석한다는 측면에서 매우 비슷한 공통점을 가지고 있다. 초국가적인 시아파의 정치문화 시스템은 다양한 중동국가에 커다란 위협요인으로 묘사되고 있는 것이다.

사담 후세인이 물러난 이후 중동국가들에 나타난 시아파와 관련한 문화 패러다임은 유럽에서 이슬람과 무슬림에 대해 형성된 왜곡된 정치적·문화적 이미지를 그대로 보여주고 있다. 많은 중동국가의 위정자들은 시아파의 교리와 추종자들에 대해 부정적이고 폭력적인 이미지를 조성함으로써 정치적·문화적 위기의식을 조장하고 있다. 중동국가들은 아랍의 정체성을 시아파가 아닌 수니파로 정의내리고 이란과 시아파를 이방인과 침략자로 규정하면서 이란을 아랍의 정치 영역에서 배제시키기 위해 노력하고 있다.

2017년 4월 28일 걸프협력회의 회원국들은 사우디아라비아에서 내무장관 회담을 개최해 종파적 긴장을 선동하는 외세의 행위와 테러조직에 대한 지원을 단호히 배격한다는 성명서를 발표했다. 그들은 전통 시아파와는 혈통이 다른 이란을 외세라고 지칭하고 이란을 테러 지원국이라고 비난했다. 시아파 위협론은 사실상 시아파와 수니파의 역사적인 대립 관계를 강조하면서 이러한 대립을 사회정치적 갈등구조로 규정하는 것이다. 수니파 국가들은 이란의 부상을 견제하기 위해 "시아파 동맹이 중동을 위협한다"라는 과장된 명제를 만들고 이를 국내 정치의 불안정과 내부 갈등을 해결하기 위한 정치도구로 활용하고 있다고 볼 수 있다.

〚중동정치 지형의 변화〛

전통적 경쟁 관계인 이란과 사우디아라비아

이란과 사우디아라비아는 전통적으로 경쟁 관계였다. 이 두 국가는 모두 석유가 풍부하게 매장되어 있는 석유강국으로, 석유 패권을 둘러싸고 경쟁을 벌여왔다. 1979년 이슬람혁명 이후 미국은 사우디아라비아와의 전략적 동맹관계를 확대시켰고 1991년 걸프 전쟁을 통해 이란을 견제해왔다. 하지만 2003년 이라크 전쟁 이후 이라크에서 시아파 정권이 수립되면서 이란의 영향력은 점차 확대되었고 이에 따라 이란과 사우디아라비아의 경쟁관계는 더욱 심화되었다. 또한 종교적으로도 이란은 시아파의 종주국이고 사우디아라비아는 수니파의 종주국으로 이슬람 종파 갈등의 중심에 있다. 이란은 인도-유럽어족 계통의 페르시아인이지만 사우디아라비아는 셈족 계통의 아랍인이다. 또한 두 국가는 모두 종교를 정치 영역으로 끌어들여 사실상 성직자 계층이 체제 유지의 가장 중요한 역할을 차지하고 있다. 이에 따라 양국은 서로 다른 종교적 교리를 정치적·종교적 이데올로기로 활용하고 있다.

이란은 다른 이슬람 국가들에 비해 종교적으로 개방된 나라이다. 이란은 전체 인구 가운데 약 99%가 무슬림인데, 전체 무슬림 인구 중 92%가 시아파에 속하며 나머지 8%가 수니파이다. 이 외에도 조로아스터교, 기독교, 유대교 등의 신자가 있다. 이란의 헌법에서는 종교의 자유를 보장하고 있으며 소수 종교의 이해관계를 대변하기 위해 국회의원 의석수를 배정하고 있다. 이란의 국회의원 선거는 국민의 직접선거와 보통선거로 선출되며, 전체 의석수를 인구 비례에 따라 할당해 다득표 순으로 결정

요르단강 서안의 라말라에 있는 아라파트 무덤에서 추종자들이 아라파트를 추모하는 모습.

하는 대선거구제이다. 이란의 헌법에서는 아르메니아 정교 2석, 유대교 1석, 아시리아 정교 1석 등 소수 종교에 5석을 배정하고 있다. 또한 주요 도시에는 아르메니아 정교회 성당과 유대교 회당 등 다양한 종교시설이 있으며, 소수 종교는 독자적인 학교를 운영할 수 있다.

하지만 호메이니의 '이슬람혁명 수출론'은 주변국과의 관계를 악화시키는 주된 요인이 되고 있다. 호메이니는 "우리의 혁명이 이슬람혁명이므로 전 세계에 수출해 전파할 것이다. 그리고 이 투쟁은 '알라 이외의 신은 없으며 무함마드는 그의 사도이다'라는 외침이 전 세계에 울려 퍼질 때까지 계속될 것이다"고 말했다. 호메이니는 전 세계를 압제자와 피압제자로 이분화하면서 이란은 유일하고 진정한 이슬람국가이자 비동맹국가이므로 이슬람국가들과 다른 피압제 국가들이 독립할 수 있도록 지원할 의무가 있다고 강조했다. 호메이니는 이슬람혁명을 전 세계 피압제자들을 해방시키는 목표를 지닌 진정한 혁명이라고 강조했다.

이란 외교 정책의 이슬람주의는 반제국주의와 반시오니즘을 표방하고 있다. 호메이니는 이슬람세계의 분열이 제국주의에 의해 만들어진 인위적인 산물이라고 지적했다. 따라서 무슬림들이 단결해 분열을 극복하면 제국주의 세력들이 어떠한 영향력도 행사하지 못할 것이고 그들의 대리인인 유대인들도 아무런 영향을 미치지 못할 것이라고 강조했다.

하지만 호메이니는 이슬람혁명의 수출에 대한 구체적인 방법은 언급하지 않았다. 또한 무력으로 이슬람혁명을 수출하는 것에 대한 호메이니의 견해도 모호했다. 하지만 이슬람혁명이 혁명 메시지를 전파하는 데서 소프트파워가 지닌 중요성을 인정했다는 것은 분명하다. 호메이니는 다음과 같이 말했다. "이곳에서 혁명을 성공하고 전 세계로 혁명을 수출하는 최고의 방법은 올바른 형태로 선전을 하는 것이다." 이는 이란의 지역 패권을 강화시키기 위한 목적으로 시아파 이론이 활용되고 있음을 의미한다.

사우디아라비아는 엄격한 이슬람 관행을 준수하는 와하비즘을 토대로 운영되고 있다. 사우디아라비아에는 이슬람 발생지인 메카와 메디나가 위치하고 있어 흔히 이슬람 종주국이라 불린다. 특히 사우디아라비아의 국왕은 '두 성지(메카와 메디나)의 수호자'라는 칭호를 받고 있다. 사우디아라비아는 전체 인구 가운데 약 97%가 무슬림이다. 무슬림 인구 중 80~85%는 수니파이고 10~15%가 시아파이다. 시아파들은 메카, 메디나 등지에도 거주하고 있지만 대다수는 석유가 풍부한 동부 지역 카티프와 하사 오아시스에 집중되어 있다. 이 지역은 1913년 오스만투르크 제국으로부터 빼앗아 영토로 합병시킨 곳이다.

사우디아라비아의 시아파 지도자들은 대부분 나자프에서 공부했다. 1940년대까지 '작은 나자프'라고 불린 카티프에는 단지 몇 개의 신학교와 종교 센터만 존재했다. 1970년대에는 사우디아라비아 출신의 저명한 시아파 지도자들이 이라크를 비롯한 주변국으로 이주했다. 가장 유명한 시아파 지도자 세이크 하산 알 사파르Sheikh Hassan al-Saffar는 쿠웨이트로 갔고 그곳에서 종교적·정치적 자유를 요구하는 이슬람혁명운동을 조직했다. 그는 1977년 카티프로 돌아와 개혁운동을 조직했으며, 1979년 이란에서 이슬람혁명이 발발한 이후에는 시아파 봉기를 계기로 아라비아반도에서 창설된 이슬람혁명조직의 지도자가 되었다. 1993년 파드 왕은 세이크 하산 알 사파르를 비롯한 시아파 지도자들과 만나 협조 체제를 구축하기로 약속했다. 이 조약에서 시아파들은 비폭력적인 개혁노선으로 바꾸기로 했으며 파드 왕은 시아파에 대한 정책을 개선하기로 약속했다. 파드 왕은 교과서에 수록되어 있는 시아파에 대한 경멸적인 용어를 삭제하고 차별을 금지할 것을 명령했으며 시아파 추방자들에 대한 귀국을 허락했다.

2003년 이라크 전쟁 이후 사우디아라비아는 시아파 부활의 후폭풍으로부터 자국을 보호하기 위한 목적으로 시아파 회유책을 채택했다. 사우디아라비아의 압둘라 왕세자는 시아파 지도자들과 만남을 가졌는데, 그 자리에서 시아파 지도자들은 동등한 권리를 위해 작성된 '국가의 협력자'라는 이름의 청원서를 건넸다. 이 청원서에는 450명의 시아파 남성과 여성의 서명이 들어 있었다.

4월 23일 세이크 하산 알 사파르는 AFP통신과의 인터뷰에서 "시아파들은 종파 차별 문제를 개선하기 위해 정부 당국과 접촉하고 있다. 시아파들은 국가의 통일성을 지키는 선에서 자신들의 권리를 주장해야 한다"
라고 강조했다. 압둘라 왕세자는 종교적 극단주의를 해결하기 위한 방안
으로 '국가적 대화' 포럼을 개최했다. 하지만 큰 변화가 없자 시아파들은
점차 반발하기 시작했다. 2011년 아랍의 봄 이후 사우디아라비아에서도
반정부시위가 일어났고 특히 시아파 우세 지역인 동부를 중심으로 개혁
요구가 확산되었다. 시아파 성직자 셰이크 니므르 바키르 알 니므르Sheikh
Nimr Baqir al-Nimr는 직접선거 실시를 요구하는 동시에 바레인의 시아파 거
주 지역을 통합해 시아파만의 자치정부를 꾸리자고 주장했다.

2016년 1월 2일 사우디아라비아 정부는 셰이크 니므르 바키르 알 니
므르를 포함해 47명을 집단 처형하는 조치를 단행했다. 그러자 이란 시
위대가 테헤란 주재 사우디아라비아 대사관을 공격하고 마샤드에 있는
총영사관을 방화했다. 1월 3일 사우디아라비아는 이란과 단교를 선언했
고 사우디아라비아의 동맹국인 바레인과 수단도 이란과의 국교 단절에
동참했다.

이란 핵협상이 타결된 이후 미국과 이란 간에 조성된 화해 분위기는 사
우디아라비아의 역내 헤게모니를 위협하고 있다. 사우디아라비아는 미
국과 이란의 관계 개선을 가장 큰 위협요인으로 보고 있다. 이는 사우디
아라비아 내부의 불안 요인일 뿐만 아니라 바레인과 같은 주변국에도 영
향을 미칠 수 있는 요인이다. 특히 바레인의 민주화 운동은 이에 대한 대
표적인 사례라 볼 수 있다. 바레인에서 민주화 운동이 일어나자 2011년
3월 14일 바레인 정부의 요청에 따라 사우디아라비아 군대 1000명과 아
랍에미리트 경찰 500명이 시위 진압을 지원하기 위해 파병되기도 했다.

바레인은 작은 섬나라이지만 페르시아만의 관문이자 전략적 요충지로
이란과 사우디아라비아를 비롯한 주변국이 지속적으로 개입하고 있으며

현재 미 해군 5함대가 주둔하고 있다. 19세기부터 이란은 바레인에 대한 영유권을 주장했으나 1970년 5월 11일 유엔 안보리는 이란의 바레인에 대한 영유권 포기를 결정하며 바레인 독립을 승인했다. 1971년 8월 14일 이사 빈 살만 알 칼리파Isan bin Salman al-Khalifa(1961~1999년 재임) 국왕은 바레인 독립을 선언하고 25년간 비상조치법을 실시했다. 1999년 새로운 통치자 셰이크 하마드 빈 이사 알 칼리파Sheikh Hamad bin Isa al-Khalifa 국왕은 1990년대에 일어난 봉기를 종식시키기 위해 정치개혁을 약속했다. 그는 2000년 12월 23일 바레인 국민행동 헌장을 선포했고 2001년 1월 시아파 지도자 셰이크 압둘 아미르 알 자므리Sheikh Abdul Amir al-Jamri를 비롯한 반정부 인사들을 석방했다. 그러나 2002년 10월 24일 총선에서 선거구를 조작해 수니파가 다수 의석을 차지하게 되면서 정치 상황은 악화되었다.

2011년 아랍의 봄 이후 바레인의 불안정한 정치 상황은 점차 확대되고 있으며 바레인을 둘러싼 이란과 사우디아라비아의 경쟁 구도도 더욱 심화되고 있다.

한편 2017년 6월 7일에는 이제까지 테러의 안전지대였던 이란에서 IS의 소행으로 알려진 테러가 발생했다. 이란 민주주의와 이슬람혁명의 상징인 의사당과 호메이니의 영묘 두 곳에서 테러범들이 공격을 감행했는데, 이는 IS가 이란에서 저지른 최초의 테러였다. 2001년 아프가니스탄 전쟁과 2003년 이라크 전쟁 이후 중동 전역에서 테러 공격이 끊임없이 발생했지만 이란에서는 테러가 거의 일어나지 않았기 때문에 이 사태는 향후 심각한 위기 상황으로 발전할 가능성이 높다.

이란의 최정예 부대인 혁명수비대는 테헤란에서 벌어진 연쇄테러에 미국과 사우디아라비아가 연관되어 있다고 주장하고 있다. 이러한 주장의 근거로 트럼프 미국 대통령이 중동을 방문한 사실과 사우디아라비아

동예루살렘의 구시가지.

가 카타르와 단교한 사실을 들고 있다. 트럼프 미국 대통령은 2017년 5월 21일 중동 방문 당시 극단주의 테러의 근절을 주장하면서 반이란 연대를 강조했고, 6월 5일 사우디아라비아를 중심으로 한 일부 수니파 국가는 카타르가 테러지원국이라고 주장하면서 단교를 선언했다. 복잡한 중동 정세 속에서 이란과 사우디아라비아의 긴장 관계는 당분간 지속될 전망이다.

이집트에서 페르시아만으로 아랍 정치의 권력 이동

이집트는 20세기 아랍세계에서 정치대국의 역할을 맡아왔다. 1950년대와 1960년대까지 이집트는 아랍세계에서 가장 중요한 국가였다. 이집트

는 중동 최대의 인구를 보유한 국가일 뿐만 아니라 정치적·문화적으로
는 물론 이데올로기적으로도 가장 역동적인 국가였다. 나세르의 아랍민
족주의와 무슬림형제단이 태동한 곳도 이곳이다. 비록 1967년 제3차 중
동전쟁에서 패배한 이후 이집트의 영향력은 쇠퇴했지만 1979년 9월 17
일 미국의 중재로 이집트-이스라엘 간 캠프 데이비드 협정을 체결하면
서 미국의 지원을 바탕으로 입지를 회복했다. 캠프 데이비드 협정은 궁
극적으로 이스라엘의 생존권을 미국의 강력한 보장 아래 이집트가 확인
한 것으로, 이집트는 그 대가로 미국의 경제적 지원을 받아 국가경제를
발전시킬 수 있는 기회를 얻었다. 하지만 아랍의 봄 이후 2011년 2월 11
일 무바라크 친미 정권이 붕괴되고 2013년 7월 3일 61년 만에 2차 쿠데
타가 발발함에 따라 아랍세계에서 이집트의 입지와 영향력은 점차 약화
되고 있다.

이집트의 현대정치사는 사실상 군부 정치 개입의 역사이다. 무함마드
무르시Mohamed Morsy가 이집트를 통치한 2012년 6월 30일에서 2013년 7월
3일까지를 제외하고는 이집트 군부가 1952년 쿠데타 이후 사실상 이집
트를 장악해왔다. 사실 무르시 정권도 실제로 이집트를 통치했다고는 단
언할 수 없다.

이집트의 군부는 단순한 군인이 아니다. 그들은 군대뿐만 아니라 정
계, 관계, 재계, 언론계 등 모든 분야에서 막강한 영향력을 행사하고 있
다. 이집트는 1962년 사회주의 국가를 표방하면서 기간산업체와 기업들
을 국유화했지만 사실상 군부가 이 모든 것을 장악했고 심지어 은행과 언
론사까지 차지했다. 이집트 경제에서 군부가 차지하는 자산 규모는 25%
에서 40%에 이른다고 한다. 정확한 통계수치를 알 수 없는 이유는 그 실
체를 아무도 모르기 때문이다. 군 예산은 의회에 공개되지 않고 외부 기

관의 감사도 받지 않는다. 군부는 평면 텔레비전이나 냉장고 같은 가전 제품에서부터 올리브오일, 생수 등 다양한 생필품은 물론 여행사, 부동산, 주유소 등에 이르기까지 손을 뻗치지 않은 곳이 없을 정도로 방대한 '경제 제국'을 형성하고 있다. 카이로 아메리칸대학교의 칼레드 파흐미 Khaled Fahmi 교수는 이를 군산복합체의 회색 경제grey economy라고 부른다.

군부에 의해 무르시가 축출된 것은 사실상 무슬림형제단이 패배했음을 의미한다. 그렇다면 무슬림형제단이 실패한 요인은 무엇일까? 첫째, 무슬림형제단은 정치·경제 개혁에 대한 국민들의 민심을 제대로 읽지 못하고 오히려 이를 무시했다. 2011년 무바라크 정권이 붕괴된 이후 무슬림형제단은 자유정의당을 창당해 사회정치 단체에서 정당으로 변신을 시도했고 2012년 총선에서 47%의 의석을 차지해 제1당이 되었다. 그 이유는 다른 정당에 비해 뿌리 깊은 대중적 기반을 바탕으로 탄탄한 조직력을 갖추고 있었기 때문이다. 하지만 자유정의당은 이집트 사회의 다양한 의견을 수렴하지 못한 채 비선출 위원회로 구성된 무슬림형제단 지도부에 전적으로 의존하는 폐쇄적인 구조를 가지고 있었다. 이는 무르시의 통치 스타일에도 그대로 반영되어 독단적인 국정 운영으로 이어졌고 세속·자유주의 세력과 소수 기독교계의 반발을 불러일으키는 원인이 되었다.

둘째, 무슬림형제단은 이집트의 이슬람주의 세력을 하나로 결집시키는 데 실패했다. 강경 이슬람주의 세력인 살라피스트의 알 누리당은 2012년 총선에서 약 25%를 득표하며 제2당이 되었다. 알 누리당은 한때 무르시 정권의 지지 기반이었지만 쿠데타에 동조하면서 이슬람주의 세력 대 세속주의 세력 간의 대립으로 표면화된 갈등구조를 더욱 복잡하게 만들었고 이슬람주의 대 이슬람주의의 대립과 갈등이라는 명분을 제공했다. 이러한 갈등은 사실상 이슬람주의 세력의 분열을 확산시켜 무슬림 형제단을 더욱 고립시키는 요인이 되었다.

2014년 6월 3일 압델 파타 엘시시Abdul Fatah al-Sisi는 무르시를 축출한 이후 11개월 만에 96.9%의 압도적인 득표율로 대통령으로 당선되었지만 아직까지 이집트의 정국은 혼란스러운 상황이다. 11월 29일에는 호스니 무바라크 전임 대통령에게 무죄를 선고하자 이에 반발해 시위가 일어났고 '정권 퇴진' 구호도 다시 등장했다. 이는 아랍세계에서 이집트의 입지를 약화시키는 요인이 되었다.

한편 아랍의 봄 이후로는 페르시아만을 중심으로 한 산유국의 역할이 확대되고 있으며, 사우디아라비아, 아랍에미리트, 쿠웨이트, 바레인, 오만, 카타르를 회원국으로 하는 걸프협력회의GCC 6개국이 주목을 받고 있다. 걸프협력회의는 2004년 이후 유가가 급상승하면서 막대한 국부펀드를 조성했고 이를 바탕으로 부동산, 기업 등의 실물자산과 채권, 주식 등의 금융자산에까지 광범위한 투자를 하고 있다. 특히 사우디아라비아와 카타르가 주목받고 있다. 사우디아라비아는 성지를 수호한다는 명분으로 소프트파워를 유지하고 있으며, 사우드 왕가는 국왕을 '두 성지(메카와 메디나)의 수호자'라고 부르면서 자신들이 이슬람세계의 종주국임을 자처하고 있다. 카타르는 주변의 보수 왕정 국가와 다르게 가장 적극적으로 개혁·개방 정책을 추진해온 나라로, 알 자지라 뉴스채널을 통해 아랍의 변화를 주도하고 있다.

아랍의 봄 당시 걸프협력회의의 6개국에서 발발한 시위의 규모와 형태는 다른 국가들과 비교할 때 표면적으로 커다란 차이를 보였다. 물론 바레인에서는 정치개혁을 요구하는 시위대의 요구를 무혈 진압하면서 비상사태까지 선포했지만, 아랍에미리트에서는 이주 노동자들의 제한적인 시위와 지식인들의 청원운동이 일어났고, 오만에서는 임금 인상과 부정부패 척결을 요구하는 시위가, 사우디아라비아에서는 수감된 정치범 석방, 실업 문제 해소, 종파 차별 금지 등을 요구하는 시위가 일어났다. 즉, 다른 이슬람 국가에서 일어났던 정치적 시위와는 시위의 성격이 매우 달랐다. 걸프 군주 국가들에서 단기적으로 정치제도가 급진적인 변화를 보일 가능성은 높지 않지만 장기적으로는 내부적인 잠재력을 가지고 있다. 특히 사우디아라비아의 경우 30%가 빈곤선 이하의 삶을 살고 있으며 이주 노동자의 노동력이 전체 75~80%를 차지하고 있다.

걸프협력회의는 1981년 5월 안보 협력을 목적으로 사우디아라비아, 아랍에미리트, 쿠웨이트, 오만, 카타르, 바레인 간에 결성한 지역협력이다. 현재 걸프협력회의는 회원국 내에 존재하는 다양한 내부 문제를 해결하기 위해 연대를 강화하는 방안을 추진하고 있는데, 이는 지역 문제에 공동으로 대처하기 위한 조치이기도 하다. 바레인 외무장관인 셰이크 알 칼리파는 영국 ≪파이낸셜타임스≫와의 인터뷰에서 걸프협력회의가 2012년 11월 30일 IS를 비롯한 극단주의 테러 조직과 이란의 핵 위협에 대항하기 위해 합동사령부를 설치하기로 합의했다고 밝혔다.

걸프협력회의에 합동사령부를 창설하는 작업은 2006년 중반 미국 국무부 산하의 정치군사국에서 걸프국 군사력을 증강해야 한다는 전략이 제기됨에 따라 시작되었다. 이는 미국과 걸프만 국가들 간의 방위협력을 강화하는 목적으로 제기되었다. 걸프협력회의 정상들은 2012년 12월 24~25일 바레인의 수도 마나마에서 개최된 회의에서 국가 안보를 위한 공동대응책으로 합동사령부를 창설하기로 합의했다. 현 시점에서 합동사령부를 창설하는 논의는 무슬림형제단을 둘러싸고 나타났던 사우디아라비아와 카타르의 내분 갈등을 봉합시켜 회원국 간의 연대를 강화하는 한편 이란을 견제하는 군사적 연대를 추진하기 위해 진행되고 있다.

이라크 내전과 시리아 내전을 비롯한 복잡한 정세 속에서 이란을 중심으로 한 시아파 연대는 형식적으로 강화되고 있지만 수니파는 내부 분열이 가속화되고 있다. 특히 사우디아라비아와 카타르의 관계는 심각한 위기 상황까지 이르기도 했다. 사우디아라비아와 카타르는 역내 경쟁관계에 있으며, 특히 이집트의 무슬림형제단을 둘러싸고 크게 대립한 바 있다. 1991년 걸프 전쟁으로 인해 카타르에서는 자국의 안보 문제에 근본적인 변화가 나타났다. 카타르는 1971년 독립한 이후 사우디아라비아와 긴밀한 동맹 관계를 유지하면서 사우디아라비아의 보호 아래 있었다. 하지만 쿠웨이트 현실을 지켜보면서 국제사회와의 관계를 본격적으로 개선하기 시작했다.

1995년 6월 27일 무혈쿠데타로 집권한 카타르의 세이크 하마드 국왕은 독자 외교를 강조하면서 작은 왕국을 중동의 강자로 탈바꿈시켰다. 특히 아랍의 봄이 발발한 기간 동안 튀니지, 이집트, 리비아에서 무슬림형제단을 적극적으로 지원했다. 카타르는 이집트 무슬림형제단인 무르시 정권을 지원했지만 사우디아라비아는 2013년 7월 3일 엘시시 군부 쿠데타 세력을 후원했다. 2014년 3월 5일 사우디아라비아는 무슬림형제단을 지원하는 카타르 정부에 반발해 카타르 주재 자국 대사를 소환했고 카타르는 사우디아라비아의 요구를 공개적으로 거부했다.

이란 핵협상이 타결된 이후 2015년 7월 26일 이란과 사우디아라비아의 외무장관이 동시에 카타르를 방문한 것은 결코 우연이 아니다. 트럼프 미국 대통령의 중동 방문 이후 2017년 6월 5일 사우디아라비아를 비롯한 아랍에미리트, 바레인, 이집트 수니파 4개국은 카타르가 테러조직을 지원한다고 주장하면서 단교를 선언했으며, 예멘, 리비아, 몰디브, 모리타니도 이러한 조치에 동조해 함께 카타르와의 단교를 선언했다. 반면에 터키와 이란은 카타르 지지를 선언했다. 카타르 단교 사태는 사우디아라비아와 카타르의 경쟁 관계에 기인한 것으로 이 위기가 봉합되더라도 앞으로 지속적인 변수로 작용할 가능성이 높다.

사우디아라비아와 바레인을 제외한 나머지 걸프 왕정국가들은 이란 핵협상을 그다지 부정적으로 보고 있지 않다. 오만은 미국과 이란 간 비밀협상을 중재한 국가로 알려져 있는데, 걸프협력회의 6개국 가운데 이란과 가장 가까운 나라이다. 이란과 아랍에미리트는 경제적으로 매우 밀접한 관계이기 때문에 이란의 경제제재가 해제되면 중동의 최대 수혜국은 아랍에미리트가 될 것이다. 터키의 경우 이란 핵협상을 지지하면서 이란과의 관계 강화를 추진하고 있지만 한편으로는 자신의 입지를 굳히기 위해 IS에 대한 공습을 감행하는 독자적인 행보도 보이고 있다. 터키는 2007년 이후 신중동 정책을 표방하면서 중동과의 관계를 강화하고 있다.

IS 대 반IS에서 이란 진영 대 반이란 진영으로

IS는 사실상 제2의 탈레반이다. 미국은 소련의 침공에 맞서 싸웠던 아프가니스탄의 이슬람전사들을 지원했는데, 이 과정에서 탈레반이 급부상했다. 마찬가지로 시리아의 아사드 정권을 제거하기 위해 미국을 비롯한 서방세계와 사우디아리비아, 카타르, 터키 같은 수니파 국가들은 시리아 반군에 막대한 무기와 군자금을 지원했는데, IS는 시리아 반군 가운데 최강의 부대로 등장했다. 결국 시리아 내전은 이라크 내전을 확산시켰고 이 과정에서 IS가 급성장했다.

IS는 수니파 극단주의 무장단체로, 이라크와 시리아 등지에서 수니파 칼리프 국가를 부활시키는 것을 목표로 삼고 있다. 이 단체는 2004년 한국인 김선일 씨를 납치해 살해한 '유일신과 성전'이라는 조직의 후신으로 알 카에다 하부조직으로 활동했다. 이들은 2014년 4월 '이라크시리아 이슬람국가Islamic State of Iraq and Syria: ISIS' 또는 '이라크레반트 이슬람국가Islamic State of Iraq and the Levant: ISIL'로 단체명을 바꾸었다가 6월 29일 IS로 개칭하면서 국가 수립을 선포했다. 이 단체의 지도자 아부 바크르 알 바그다디는 스스로를 이슬람세계의 칼리프라고 선언했다.

IS의 이념을 보면 탁피리스트Taqfirist 이론을 추종하면서 이슬람 극단주의를 표방하고 있다. 탁피리즘Taqfirism은 나쁜 무슬림을 주적으로 간주하는 이데올로기로, 반이슬람 행태에 대해 수단과 방법을 가리지 않는 투쟁노선을 의미한다. 이 이론은 13세기 몽골이 침입한 이후 수니파 법학자 이븐 타이미야Ibn Taymiyah(1268~1328)가 몽골과의 지하드를 주장하면서 등장했다. 당시 몽골인들은 무슬림으로 개종한 상태였다. 이는 수니파 극단주의 이론으로 발전했다. 특히 이 이론은 이집트가 1967년 제3차 중동전쟁에서 패배한 이후 이집트에서 확산되기 시작했다. 그들은 전쟁 패배의 원인을 무슬림 내부에서 찾았고 이것은 오늘날 무슬림 동료들에 대한 무력 공격을 정당화하는 사상으로 나타나고 있다.

2014년 8월 7일 오바마 미국 대통령은 긴급 기자회견을 열어 IS에 대한 선별적 공습을 승인했고 8월 8일부터 이라크에 대한 공습을 시작했다. 미국이 공습한 시점으로 볼 때 미국의 공습은 쿠르드족에 대한 지원으로 볼 수 있다. 이라크 서북부를 장악한 IS가 쿠르드족 지역인 동북부를 위협했기 때문이다. 현재 미국은 시리아까지 공습을 확대하고 있다.

IS는 단순한 무장단체가 아니라 영토, 군대, 자금을 갖춘 준국가조직이다. IS는 시리아 북부에서 이라크 북부까지 이어지는 점령지를 국가를 운영하듯 지배하고 있다. 이들은 시리아 북부 라카를 수도로 삼고 재정·교육·군사·정보 등 부문별로 행정조직도도 짜놓았다. 이들은 화폐를 발행해 시범 유통하고 있으며, 선전용이지만 여권까지 발행했다고 한다.

IS와의 전쟁이 시작된 지 3년째이던 2017년 7월 9일 이라크 정부는 모술 해방을 선언했다. 모술은 IS의 재정을 담당하는 도시이다. 이 사건은 IS의 위상에 커다란 타격을 입혔고 IS가 점차 몰락하는 전환점이 되었다. 7월 17일에는 쿠르드 민병대가 주축인 시리아 민주군이 IS의 수도였던 라카를 장악했다. 그리고 12월 9일에는 이라크 정부가 IS와의 전쟁이 끝났다고 공식 선포하기에 이르렀다. 하이다르 아바디 이라크 총리는 바그다드에서 가진 기자회견에서 IS가 마지막까지 저항하던 이라크와 시리아 국경지대를 이라크 정부군이 완전히 장악했다면서 "이라크 땅이 완전히 해방됐다"라고 밝혔다. 현재 IS의 지도자 알 바그다디에 대한 사망설이 끊임없이 제기되고 있지만 아직까지 확인되지는 않고 있다.

하지만 실제로 IS와의 전쟁은 아직 끝나지 않았다. 지금도 전 세계는 IS 공포증에 시달리고 있다. IS가 배후임을 자처하는 테러 또는 IS 추종 세력에 의한 테러 위협이 지금도 지속되고 있기 때문이다. 또한 IS의 정책도 변하고 있는데, 기존의 중동 중심에서 중앙아시아와 동남아시아로 이동하는 동진 정책이 나타나고 있다. 이를 통해 제2, 제3의 극단주의 세력이 등장할 가능성이 있으며 전 세계 극단주의 세력을 규합할 가능성도 있다. 상황이 이러하자 트럼프 미국 대통령은 2017년 8월 21일 아프간 전략을 발표했는데, 그 핵심 내용은 아프가니스탄에 미군을 추가 파병하고 파키스탄, 인도 등 주변국들에 참여를 요구하는 것이다.

시리아 내전에는 독재 대 반독재, 세속주의 대 이슬람주의, 시아파 대 수니파 같은 대립구도가 복잡하게 얽혀 있다. 시리아 내전은 초기에는 독재 대 반독재의 대립 구도에서 시작되었으나 점차 수니파 대 시아파의 종파 갈등으로 확대되었고 현재는 국제적인 대리전 양상으로 격화되고 있다. 특히 헤즈볼라의 개입으로 시리아 내전이 종파 전쟁으로 바뀌었다고 규정하는 시각이 지배적이다.

오늘날에는 이란을 주축으로 이라크, 시리아, 헤즈볼라 간의 '반미 시아파 벨트'가 형성되어 점차 확산되고 있다. 2013년 5월 25일 헤즈볼라의 사무총장 하산 나스랄라는 이스라엘군 철수 13주년 기념행사인 '해방의 날'을 맞아 TV 연설을 통해 "만약 시리아가 타크피리스(수니파 극단주의)와 미국의 손에 넘어가면 이스라엘이 레바논으로 들어올 것이다. 만약 시리아가 무너지면 팔레스타인도 잃을 수 있다"라면서 시리아 내전이 "완전히 새로운 단계를 맞이했다"라고 강조했다. 그는 "모든 희생을 무릅쓰고 이 길을 끝까지 걸어 승리할 것"이라면서 시리아 내전에 전면 개입할 것을 선언했다.

헤즈볼라가 시리아 내전에 개입한 주된 이유는 시리아 반군의 영향력이 확대되는 것을 저지하기 위해서였다. 시리아 분할 음모론이 끊임없이 제기되는 가운데 헤즈볼라는 레바논과 시리아의 국경선 부근에 안전지대를 확보해야 했다. 나스랄라는 "시리아 반군이 레바논 주민들이 거주하는 지역을 점령했기 때문에 시리아 정부군을 돕기 위해 가능한 한 필요한 모든 지원을 제공할 것"이라고 밝혔다.

헤즈볼라의 군사 개입은 쿠사이르 전투에서 시작되었다. 2013년 6월 5일 시리아 정부군과 헤즈볼라는 2011년 3월부터 시리아 반군이 장악해 왔던 전략적 요충지인 쿠사이르를 재탈환했다. 쿠사이르는 레바논 국경선에서 약 10km밖에 떨어져 있지 않은 마을로 시리아 반군이 레바논에서 무기와 군수물자를 제공받는 통로이다. 또한 이곳은 시리아의 수도 다마스쿠스와 지중해를 연결하는 관문이기도 하다.

시리아 내전은 21세기 가장 중요한 에너지 자원으로 등장한 천연가스를 둘러싼 갈등으로 볼 수도 있다. 시리아는 석유와 천연가스 매장량은 미비하지만 지정학적으로 매우 중요한 곳이다. 북쪽 터키고원과 남쪽 아라비아반도의 완충 지대이면서 지중해에 위치하고 있기 때문에 동서와 남북을 잇는 육상과 해상의 교통 요충지이다. 이를 두고 서아시아의 십자로라고 부른다.

오늘날에는 유럽에 대한 천연가스 공급을 둘러싸고 전 세계적으로 치열한 가스전 전쟁이 벌어지고 있다. 러시아는 유럽 천연가스의 25%를 공급하는 가장 중요한 에너지 공급원이다. 2006년과 2009년 두 차례에 걸친 러시아와 우크라이나의 가스 분쟁 이후 유럽은 러시아의 영향력에서 벗어나 가스 공급선을 다변화하기 위해 나부코 가스관 사업을 추진했다. 아제르바이잔의 천연가스를 터키와 불가리아를 거쳐 오스트리아로 수송하는 이 사업은 현재 무산 위기에 처해 있다. 반면에 러시아는 우크라이나를 거치지 않고 흑해를 경유해 이탈리아 북부로 천연가스를 수송하는 사우스 스트림 사업에 착수했다.

이 같은 상황에서 시리아는 유럽으로 이어지는 가스관의 주요 거점으로서 매우 중요한 전략적 요충지이다. 카타르는 세계 3위의 천연가스 보유국으로, 2009년 8월 19일 카타르–터키 가스관 건설에 합의했지만 시리아의 거부로 추진되지 못하고 있다. 한편 2011년 7월 25일 이란, 이라크, 시리아는 1500km에 달하는 가스관 건설을 위한 양해각서를 체결했다. 이 가스관은 이란의 아살루예에서 이라크를 거쳐 시리아로 연결될 예정이었으며, 장기적으로는 지중해를 거쳐 유럽으로 연결하는 방안도

논의되었다. 일명 '이슬람 가스관'이라 불리는 이 가스관은 2014~2016년 사이에 착공할 계획이었지만 시리아 내전으로 인해 아직까지 성사되지 못하고 있다. 이란의 천연가스 매장량은 2012년 말 기준으로 러시아를 제치고 세계 1위를 차지했는데 전 세계 매장량의 18%에 달한다. 수니파 국가들은 '이슬람 가스관'을 '시아파 가스관'이라고 규정하면서 종파 갈등으로 확대 해석하고 있다.

한편 시리아 내전이 장기화되면서 새로운 가스관 프로젝트가 논의되고 있다. 이 가스관은 카타르 - 사우디아라비아 - 요르단을 거쳐 레바논을 통해 동지중해로 가는 경로와 시리아 국경선을 통해 터키로 가는 경로 두 가지 방식이 논의되고 있다. 이 가스관에서 레바논 접경에 위치하고 있고 시리아 해안의 핵심 지역을 연결하는 지역인 홈스는 가장 중요한 교차로이다. 이곳은 시리아 반군의 거점 도시였다. 쿠사이르는 홈스에서 35km 떨어진 레바논 국경 부근의 도시로 헤즈볼라가 시리아 내전에 직접 개입했던 곳이다. 따라서 쿠사이르 전투가 가장 치열한 전쟁터로 언급되는 것은 결코 우연이 아니다. 이처럼 시리아 내전의 이면에는 가스관을 둘러싼 치열한 이해관계가 자리 잡고 있다. 이런 측면에서 볼 때 시리아의 비극은 21세기 최대의 비극이 될 수도 있다.

시리아 내전은 점차 지역전을 넘어 국제전으로 확대되고 있다. 러시아, 이란, 헤즈볼라는 시리아 정부군을 지원하고 있고 미국 등 서방 국가와 사우디아라비아, 카타르, 터키는 시리아 반군을 지원하고 있다. 2018년 1월 17일 틸러슨 미국 국무장관은 시리아 장기 주둔 계획을 발표함에 따라 미국의 새로운 시리아 전략이 구체화되고 있다. 이는 이란과 러시아의 영향력을 차단하기 전략이라고 볼 수 있다. 1월 21일에는 시리아 쿠르드 지역인 아프린을 점령하는 터키의 군사작전이 시작된 바 있다.

현재 터키는 시리아의 권력이 공백인 상황에서 자신의 영향력을 확대하려 하고 있다. 이스라엘도 2월 10일 시리아를 공습한 바 있다. 이처럼 IS가 위축된 이후 시리아 내전은 이란 진영 대 반이란 진영의 분쟁으로 번지고 있다.

7

결론

중동의 역사는 분쟁과 갈등으로 점철된 비극의 역사로 알려져 있다. 그렇다면 중동에서는 왜 전쟁과 분쟁이 끊이지 않는 것일까? 중동 문제는 단순한 문제도 아니고 중동만의 문제도 아니다. 중동 문제에는 외세, 자원, 영토, 종교, 민족 등의 문제가 복잡하게 얽혀 있다. 현재 시아파와 수니파의 종파 갈등을 중동 분쟁의 주된 요인으로 규정하는 시각이 지배적이다. 이란이 부상함에 따라 시아파의 연대가 확대되고 이에 따라 수니파가 주도하던 전통적인 중동질서가 위협을 받기 때문에 중동 전역에서 다양한 갈등과 반목이 발생하고 있다는 것이 이런 시각을 가진 사람들의 주된 입장이다. 많은 언론과 전문가들은 시아파와 수니파의 갈등은 약 1400년간 증오심과 적대감을 가지고 이어져 내려온 뿌리 깊은 대립 구조이기 때문에 쉽게 해결될 수 없는 문제이며 향후 지속될 가능성이 매우 높다고 분석하고 있다.

　대표적인 종파 갈등으로 알려진 시리아 내전과 예멘 내전은 시간이 흐를수록 그 양상이 더욱 복잡해지면서 확대되고 있다. 2011년부터 시작된 시리아 내전은 해결될 조짐을 보이지 않고 있으며 화학무기까지 등장하면서 점차 잔혹해지고 있다. 예멘 내전은 2015년 3월 말부터 사우디아라비아를 비롯한 수니파 국가들이 연합군을 구성해 예멘의 수도 사나를 공습하면서 더욱 확대되었다. 현재 예멘 전역이 초토화되어 국민 3분의 2가 식수를 확보하지 못할 정도로 심각한 상황이며, 2017년 3월 27일부터 콜레라가 급속히 확산되면서 대재앙의 공포에 휩싸이고 있다. 또한 시아파와 수니파의 종주국인 이란과 사우디아라비아의 관계가 시시각각 변함에 따라 향후 전망도 불투명하다. 이와 같은 중동 정세를 바라보면 중동 분쟁의 중심에는 시아파와 수니파의 대립이 자리하고 있다는 주장이 나름 설득력 있게 느껴진다.

그런데 오랜 세월 이어져온 시아파와 수니파의 반목과 갈등이 최근 몇 년 사이에 급부상한 이유는 무엇일까? 수니파 대 시아파의 종파 갈등을 단순한 종파적 대립만으로 보기에는 한계가 있다. 종파 갈등 이면에는 정치적 목적과 경제적 이득이 자리하고 있기 때문이다. 이는 2003년 이라크 전쟁 이후 중동의 지정학적인 역학 관계가 변화한 것과 밀접한 상관관계를 가지고 있다.

이라크 전쟁 이후 중동의 패권을 둘러싸고 이란과 사우디아라비아의 경쟁관계가 수면 위로 떠올랐다. 중동에서 상대적인 우위를 차지하던 이라크가 미국으로 인해 세력이 약화된 후 이란과 사우디아라비아는 전략적인 이해관계에 따라 중동 내 세력 균형을 재구성하기 위해 노력하고 있다. 사우디아라비아는 전통적인 경쟁국가인 이란을 고립시키고 역내 패권을 장악하기 위해 시아파 위협론을 확대재생산하고 있다. 요르단과 바레인을 비롯한 걸프 왕정국가들은 반시아파 운동을 통해 국내 정치의 불안정과 내부 갈등을 해결하려 하고 있다. 결국 사우디아라비아를 중심으로 한 걸프 왕정국가들은 이란의 부상을 경계하면서 시아파 동맹이 중동을 위협한다고 주장하고 있으며, 이를 통해 수니파의 결집을 시도하고 있는 것이다.

트럼프 미국 대통령은 2017년 5월 21일 사우디아라비아 리야드에서 열린 '이슬람 아랍-미국 정상회담'에서 이란을 겨냥해 "종파적 분쟁과 테러의 불길을 부채질하고 파괴와 혼돈을 확산시키는 무장조직에 돈과 무기를 제공하는 국가"라고 비난하면서 반이란 연대를 강조했다. 이에 대해 이란 외무부는 22일 "미국이 이란 공포증Iranophobia을 이용해 적대적인 정책을 이어가고 있으며 중동국가들이 더 많은 무기를 사도록 부추긴다"라고 주장했다. 이란 공포증은 시아파 공포증Shiaphobia이라는 용어와 동일하게 사용되고 있는데, 이는 사실상 시아파 위협론을 상징하는 단어이다.

이러한 용어를 사용하는 것은 일종의 프레임 전쟁으로 볼 수 있다. 냉전 시기 미국은 모든 분쟁과 갈등의 책임을 소련 공산주의에 돌렸다. 그 시기 소련은 '악의 제국'이자 '악의 근원'이라고 알려졌다. 소련이 붕괴한 이후 탈냉전 시기에는 이슬람 위협론이 등장해 서구 대 이슬람 담론이 확산되었고, 이슬람에 대한 편견과 적대감을 표출하는 이슬람 공포증Islamophiba이라는 용어까지 등장했다. 이 용어는 2001년 9·11 테러 이후 미국이 주창한 테러와의 전쟁을 통해 광범위하게 확산되면서 테러와 폭력을 상징하는 단어가 되었다.

2003년 이라크 전쟁 이후에는 또 다른 프레임 전쟁이 시작되었다. 이라크의 사담 후세인 체제가 붕괴된 이후 시아파 정권이 수립되고 이라크 난민 문제가 주변국으로 확산되자 2004년 요르단 정부는 정치경제적 위기를 난민 문제로 규정하면서 시아파 초승달 이론을 공개적으로 천명했다. 2006년 레바논 전쟁 이후에는 아랍사회에서 헤즈볼라의 인기가 급상승하자 수니파 성직자들이 반시아파 운동을 주도하기도 했다. 또한 2011년 아랍의 봄을 통해 아랍 내부의 정권 교체와 내전이 지속되면서 혼란과 무질서가 지속될 당시에는 시아파 대 수니파의 대립이 중동 위기의 근본 원인이라는 시각이 중동 전역으로 퍼져나갔다.

시아파 위협론은 음모론에 불과하다. 역사에 만약은 없다지만, 만약 이란과 사우디아라비아가 전쟁을 한다면 그 전쟁은 시아파 대 수니파의 종파 전쟁으로 확대될까? 이라크, 시리아, 그리고 레바논의 헤즈볼라가 이란을 위해 사우디아라비아를 공격하고 반대로 요르단, 쿠웨이트, 바레인, 아랍에미리트 같은 수니파 국가들이 사우디아라비아의 편에 서서 이란과 전쟁할 가능성도 있을까?

이러한 시아파와 수니파 간 전쟁 시나리오는 현실 가능성이 없다. 중동 각국은 개별 국가의 이해관계에 따라 국가 단위로 행동할 뿐, 초지역적·초국가적 단위로 행동하지는 않는다. 따라서 시아파 초승달 개념은 하나의 신화이자 허구이다. 시아파 위협론은 시아파의 부활, 국제적 시아, 시아파의 확장 등 다양한 용어로 표현되고 있지만 이는 사실상 시아파들 사이의 동일한 문화적 개념을 암시할 뿐이며, 국가 중심의 현실정치에서 시아파 위협론이 실현될 가능성은 희박하다.

2003년 이라크 전쟁 이후 중동정치에서 등장한 시아파 대 수니파의 대립은 자연적인 현상이었을까? 결코 그렇지 않다. 중동정치에서 종파 갈등은 자발적으로 발생한 문화적 역학이라기보다는 구조적으로 발생한 지정학적 부산물이다. 이는 국가 중심의 정치구조를 지닌 중동에서 이해관계가 충돌하는 현실을 그대로 반영한다. 중동에서는 종파 갈등이 일부 통치엘리트의 권력을 유지하기 위해 계산된 국가 정책의 도구이자 통치 이데올로기로 활용되고 있는 것이다.

참고문헌

영어 자료

Abrahamian, Ervand. 1993. *Khomeinism: Essays on the Islamic Republic.* Berkeley: UC Press.

Ahmad, Akbar. 1992. *Postmodernism and Islam.* New York: Routledge.

Ajami, Fouad. 1986. *The Vanished Imam: Musa Al Sadr and the Shia of Lebanon.* Ithaca: Cornell University Press.

Akhavi, Shahrough. 1980. *Religion and Politics in Contemporary Iran: Clergy-State Relations in the Pahlavi Period.* Albany: State University of New York Press.

Alagha, Joseph. 2011. *Hizbullah's Identity Construction.* Amsterdam: Amsterdam University Press.

Amirahmade, Hooshang. 1990. *Revolution and Economic Transition: The Iranian Experience.* Albany: State University of New York Press.

Arjomand, Said Amir. 1984. *The Shadow of God and the Hidden Imam: Religion, Political Order, and Social Change in Shi'ite Iran from the Beginning to 1890.* Chicago: University of Chicago Press.

Ayoub, Mahmoud. 1978. *Redemptive Suffering in Islam: A Study of the Devotional Aspects of "Ashura" in Twelver Shi'ism.* The Hague: Mouton.

Bakhash, Shaul. 1984. *The Reigns of the Ayatollahs: Iran and the Islamic Revolution.* New York: Basic Books.

Beeman, William. 2005. *The Great Satan vs. Mad Mullahs, How the United States and Iran Demonize Each Other.* London: Praeger Publishers.

Brumberg Daniel. 2001. *Reinventing Khomeini, the Struggle for Reform in Iran.* Chicago: Chicago University Press.

Brunner, Rainer(ed.). 2001. *The Twelver Shia in Modern Times: Religious Culture and Political History.* Leiden/Boston: E.J. Brill.

Chehabi, Houshang. 1990. *Iranian Politics and Religious Modernism: The Liberation*

Movement of Iran under the Shah and Khomeini. Ithaca. N.Y.: Cornell Univ. Press.

Chelkowski, Peter J.(ed.) 1979. *Ta'ziyah: Ritual and Drama in Iran.* New York: New York University Press.

Dabashi, Hamid. 1993. *Theology of Discontent, the Ideological Foundation of the Islamic Revolution in Iran.* New York: NYU.

Ehteshami, Anoushiravan. 1995. *After Khomeini: The Iranian Second Republic.* New York: Routledge.

Elhadj, Elie. 2007. *The Islamic Shield: Arab Resistance to Democratic and Religious Reforms.* Boca Raton: Brown Walker Press.

Enayat, Hamid. 1982. *Modern Islamic Political Thought.* Austin: Univ. of Texas Press.

Fayazmanesh, Sasan. 2008. *The United States and Iran: Sanctions, Wars and the Policy of Dual Containment.* New York: Routledge.

Fischer, Michael M. J. 1980. *Iran from Religious Dispute to Revolution.* Cambridge, MA: Harvard University Press.

Halliday, Fred. 2003. *Islam and the Myth of Confrontation: Religion and Politics in the Middle East.* New York: Palgrave MacMillan.

Keddie, Nikki R. 1981. *Roots of Revolutions.* New Haven CT: Yale University Press.

Kohlberg, Etan. 1991. *Belief and Law in Imami Shi'ism.* Hamshire and Brooksfield: Gower.

Kramer, Martin(ed.). 1987. *Shi'ism, Resistance, and Revolution.* London: Mansell.

Kramer, Martin. 1996. *Arab Awakening and Islamic Revival: the Politics of Ideas in the Middle East.* New Brunswick: Transaction Publishers.

Kramer, Stephen. 2010. *Surrogate Terrorists: Iran's Formula for Success.* Lanham, MD: University Press of America.

Lewis, Bernard. 2003. *The Crisis of Islam: Holy War and Unholy Terror.* New York: The Random House.

Marschall, Christin. 2003. *Iran's Persian Gulf Policy, From Khomeini to Khatami.* London: Routledge.

Milani, Moshen M. 1988. *The Making of Iran's Islamic Revolution: From Monarchy to Islamic Republic.* Boulder, CO: Westview Press.

Momen, Moojan. 1985. *An Introduction to Shi'i Islam: The History and Doctrine of Twelver Shi'ism.* New Haven, CT: Yale University Press.

Morony, Michael G. 1984. *Iraq after the Muslim Conquest.* Princeton: Princenton University Press.

Mottahedeh, Roy. 1985. *The Mantle of the Prophet.* New York: Simon and Schuster.

Nakash, Yitzak. 2006. *Reaching for Power: The Shia in the Modern Arab World.* Princeton: Princeton University Press.

Nasr, Vali. 2006. *The Shia Revival: How Conflicts within Islam Will Shape the Future.* New York: Norton.

Parsa, Misagh. 2004. *States, Ideologies, and Social Revolutions: A Comparative Analysis of Iran, Nicaragua, and the Philippines.* New York: Syracuse University Press.

Parsi, Trita. 2007. *Treacherous Alliance: the Secret Dealings of Israel, Iran, and the United States.* New Haven: Yale University Press.

Pinault, David. 1992. *The Shiites: Ritual and Popular Piety in a Muslim Community.* London: St. Martin's Press.

Pipes, Daniel. 1983. *In the Path of God: Islam and Political Power.* New York: Basic Books.

Pollack, Kenneth M. 2004. *The Persian Puzzle: The Conflict between Iran and America.* New York: The Random House

Ramadan, Tariq. 2012. *Islam and the Arab Awakening.* Oxford: Oxford University Press.

Ramazani, Rouhollah. 1986. *Revolutionary Iran, Challenge and Response in the Middle East.* Baltimore: Johns Hopkins University Press.

Sachedina, Abdulazia A. 1981. *Islamic Messianism: The Idea of the Mahdi in Twelver Shi'ism.* Albany: State University of New York Press.

Schirazi, Asghar. 1997. *The Constitution of Iran: Politics and the State in the Islamic Republic.* London: I. B. Tauris.

Sciolino, Elaine. 2000. *Persian Mirrors: The Elusive Face of Iran.* New York: Fee Press.

Shanahan, Rodger. 2005. *The Shia Lebanon: Clans, Parties and Clerics.* New York: I.B. Taurus, Academic Studies.

Sivan, Emmanuel. 1990. *Radical Islam: Medieval Theology and Modern Politics.* New Haven: Yale University Press.

Taheri, Amir. 1986. *The Spirit of Allah: Khomeini and the Islamic Revolution.* Ithaca: Cornell University Press.

이란어 자료

Adamiyyat, Muhammad-Husayn Ruknzada. 1959. *Danishmandam va sukhansaryan-i fars.* Tehran: Islamiyya and Khayyam.

Kashmiri, Mirza Muhammad-Ali. 1974. *Nujum-i musamma fi tarajim-i ulama.* Qum: Bahthsiyyati.

Kasravi, Ahmad. 1942. *Khuda ba mast.* Tehran: Parcham.

Nuri, Yahya. 1964. *Huquq-e zan dar islam va jahan.* Tehran: Farahani.

Shabestari, Mohammad. 1997. *Imam va azadi.* Tehran: Tarh-e Naw.

Shariati, Ali. 1968. *Islmashinasi.* Mashhad: Tus.

Shirazi, Sayyid Muhammad. 1972. *Naqsh-i ruhaniyyat dar sarnivish-i mardum.* Qum: Quran.

Sorush, Abdulkarim. 1991. *Bast va qabz-e teoriye ma'arefat-e dini.* Tehran: Serat.

_____. 1994. *Qessey arbabe ma'refat.* Tehran: Serat.

Tabatabai, Javad. 1988. *Daramadi falsafi bar andishih-e siyasi-ye iran.* Tehran: International Science Institute.

Tabatabai, Sayyid Husayn Mudarrisi. 1962. *Valayat va zaamat.* Tehran: Islamiyya.

Taliqani, Sayyid Mahmud. 1962. *Islam va malikiyyat.* Tehran: Intishar.

Yusefi Eshkevari, Hasan. 2000. *Kherad dar ziyafat-e din.* Tehran: Qasideh.

Ziba-Kalam, Sadeq. 2001. *Daneshgah va enqelab.* Tehran: Rowzaneh.

지은이

유달승

한국외국어대학교 이란어과를 졸업하고 한국외국어대학교 중동지역학과
에서 정치학 석사학위를, 이란 테헤란대학교 정치학과에서 정치학 박사학
위를 받았다. 1999~2000년에는 미국 하버드대학교 중동연구센터(Center
for Middle Eastern Studies)에서 객원연구원으로 활동했다. 지금은 한국외
국어대학교 이란어과 교수로 재직 중이다.
저서로는 『중동은 불타고 있다』, 『이슬람혁명의 아버지 호메이니』 등이 있
으며, 역서로는 『예루살렘 전기』, 『중동의 비극』, 『팔레스타인/이스라엘』
등이 있다. 또한 '이란의 정치문화와 정치발전'을 주제로 영어와 이란어로
*The Role of Political Culture in Iranian Political Development*와 *Farhang-e
Siyasi va Touse'e-ye Siyasi*를 각각 출간한 바 있다.

한울아카데미 2086

시아파의 부활과 중동정치의 지각변동

ⓒ 유달승, 2018

지은이 ∣ 유달승
펴낸이 ∣ 김종수
펴낸곳 ∣ 한울엠플러스(주)
편집 ∣ 신순남

초판 1쇄 인쇄 ∣ 2018년 7월 30일
초판 1쇄 발행 ∣ 2018년 8월 10일

주소 ∣ 10881 경기도 파주시 광인사길 153 한울시소빌딩 3층
전화 ∣ 031-955-0655
팩스 ∣ 031-955-0656
홈페이지 ∣ www.hanulmplus.kr
등록번호 ∣ 제406-2015-000143호

Printed in Korea.
ISBN 978-89-460-7086-8 93340(양장)
        978-89-460-6509-3 93340(반양장)

※ 본 연구는 한국연구재단 저술출판지원 사업으로 수행하였음(2014S1A6A4024479).

※ 책값은 겉표지에 표시되어 있습니다.